Andreas Wolf von Guggenberger

AF138901

WAS BIN ICH,
WENN ICH BIN?

Haben Sie Fragen zum Text?
Wollen sie eine Gesprächsrunde,
einen Vortrag oder Seminare organisieren?

Dann schreiben Sie mir bitte an:
Andreas Wolf von Guggenberger
Großbeerenstraße 34
10965 Berlin
Deutschland
Tel: 0049 (0) 176 326 51 517
vonguggenberger@freenet.de
www.seelenlichtraum.de

Impressum
Was bin ich, wenn ich bin?
© Andreas Wolf von Guggenberger 2015

Titelbild:
© Rawpixel/Fotolia

Lektorat:
Lektorat Dallmann
Dipl.-Ing. Jonas-Philipp Dallmann
Schollenhof 20
D-13509 Berlin
(030) 3384 1414
Lektorat-Dallmann@gmx.de

Einige persönliche Gedanken zu meinen Büchern

Meine Bücher entstanden in 8 bis 10 Jahren autodidaktischer Aufbauarbeit. So ging es mir anfangs nie um Religion. Ich bezeichnete mich ja selbst als Atheist, zugleich war ich aber immer auf der Suche nach einer Verbundenheit zum Leben. Ich spürte einen inneren Drang, den ich aber nicht beschreiben und erfassen konnte. Er trieb mich in Zweifel und provozierte Lebensfragen. Ein inneres Gefühl von Leid brachte mich auf die Fragen der Heilung und weckte gleichzeitig ein Bedürfnis nach Selbsterforschung.

Anlässlich einiger Reisen und damit verbundenen Kontakten zu fremdländischen Religionen, begegnete ich dem Begriff der Seele. Dieses Wort rückte nun immer mehr in den Vordergrund. Langsam verstand ich, dass auch ich meine eigene Seele habe und eine Seele bin. Bisher spürte ich ihre Wirklichkeit nicht und konnte sie deshalb nicht erkennen. Während der nächsten Jahre kam es zu tiefen inneren Prozessen und Verschiebungen. Ich suchte nach Worten für das immer wieder neu Erlebte. Ich beschrieb Lebensprozesse und beobachtete dabei die Entstehung meiner eigenen Gedankenwelt. Ich versuchte Ordnung in meine Inspirationen, Gedanken und Gefühle zu bringen, sowie Lösungen für Widersprüche zu finden. Während mehrere Jahre schrieb ich so nur für mich selbst, wie jemand ein Tagebuch schreibt. Es war eine Zeit tiefer innerer Umbrüche und der Selbsterforschung. Meine Schriften nahmen immer neue Formen an, entwickelten sich ständig neu. Es entstanden immer neue Fassungen, die ich unter dem Titel „Evolution der Seele" zusammenfasste. In diesem Prozess merkte ich, dass mir die ethischen Grundwerte der Religionen immer verständlicher wurden. Plötzlich erkannte ich, dass mein Denken schon immer von theologischen Grundsätzen beeinflusst war, die mir aber so nie bewusst waren. Diese Erkenntnis weckte mein Interesse auch für andere, mir bis dahin fremde Religionen. Türen für neue und wertvolle Begegnungen öffneten sich. In dieser Zeit las ich viel. In meinem Literaturnachweis am Ende des Buches finden Sie die Themen und Titel der Bücher. Da mich aber die Antworten der Religionen nie befriedigten, suchte ich nach Lösungen in den Wissenschaften. So fand ich mich zwischen Stuhl und Tisch, zersplittert in den verschiedenen Weltmodellen wieder. Ich ließ sie los und überdachte alles bisher Geschriebene. Dahinter entdeckte ich mein eigenes Denken.

Inspiriert durch die Schriften von Muhyidin Ibn Arabi und Nisargadatta Maharaj rückte die Einheit immer näher. Es ging es nicht mehr um Religion sondern um die Schöpfungsvielfalt als Einheit - ich freundete mich langsam mit dem Wort Gott an. In diesem Prozess eröffnete sich mir nach vielen Jahren endlich die große Form meiner Schrift **„Evolution der Seele"**. Inzwischen war aus einem Experiment der Reduktion das kleine Buch *„Was bin ich, wenn ich bin"* entstanden. Man bat mich, es zu vertiefen. Danach folgte die Schrift *„Wandern auf dem inneren Weg",* die auf eine erzählerische Weise die „Evolution der Seele" reduziert und vereinfacht zusammenfasst. Am Ende versuchte ich meine verschiedenen Blickwinkel des Menschen zu konzentrieren und entwickelte das *„Seelen, Geist, Körpermodel"*. So ging es mir nie um Philosophie oder Religion - ich wurde erst zum Schluss damit konfrontiert. Dies können Sie im

Literaturnachweis nachvollziehen. Angeregt durch die Arbeiten von Milton Erikson, Prof. Shultz wurde mir die Kraft der inneren Bilder bewusst, die unsere Vorstellungen, Motivation und Handlungen beeinflussen. Ich erkannte einen Zusammenhang der inneren Wahrnehmung, der Seele und einer möglichen Schöpfungsentstehung.

In meinen Schriften entstanden auf experimentelle Art eigene Begrifflichkeiten, die ich erkläre und beschreibe. Sie unterscheiden sich von den herkömmlichen Modellen. Am Ende der Bücher finden sie die Begriffserklärungen. So kann es bei Fragen nützlich sein, sie immer mal wieder zu lesen. Es kann ihnen als Übersicht dienen. In meinen Büchern geht es nicht darum, mich über bestehende Begriffe, über Wissenschafts- und Religionsmodelle hinwegzusetzen. Im Gegenteil: Es war mein persönlicher Weg, sie zusammenführen. Ich erkannte, dass sie gleichwertig verschiedene Ebenen und Qualitäten der Einheit beschrieben, dadurch konnte ich ihre Unterschiedlichkeit in einen sinnvollen Zusammenhang bringen. Für einige Menschen könnten meine Gedanken und Schöpfungsideen auch Brücken zwischen den Wissenschafts- und Religionsmodellen sein. Das würde mich sehr glücklich machen. So sind meine Vorstellungen nur Brücken.

Andreas Wolf von Guggenberger

 geb. 1963 in Zürich, arbeitete in der Schweiz als Rezeptionist in der Hotellerie, war freier Verkäufer. Nach Berlin umgezogen, handelte er mit litauischer Keramik, ehe er sein Leben spirituell umorientierte. Neben einer Ausbildung zum Heilpraktiker ließ er sich zum medizinischen Masseur ausbilden, absolvierte eine Hypnoseausbildung nach Giligan, Lenk und Henning und in Neurolinguistischem Programmieren (NLP) bis zum Mastergrad. Es folgten Kurse in hypnosystemischer Hypnotherapie (EMDR), in Entspannungsverfahren (Leiter für Autogenes Training nach J.H. Schultz, Internationale Yogalehrerausbildung) und eine Ausbildung in tiefenpsychologischer Handschriftendeutung.

In seiner Arbeit als freier Graphologe baut er auf Erkenntnissen von Freud, Adler und Ludwig Klages auf und erstellt psychologische Persönlichkeitsprofile. Ferner bietet er Einzelcoachings, Suchtberatungen, Seminare und Vorträge an. Er setzte sich praktisch mit Sufismus, der Advaitaphilosophie und dem Herzensgebet auseinander, um danach seinen eigenen Weg zu finden, den er in seinen Büchern formuliert.

Es war dunkel. Der Schein des Feuers tanzte über das Gesicht des alten Beduinen. Die Nacht war ruhig und das Feuer knisterte. In der Dunkelheit leuchteten die Sterne. Die Stille der Wüste umhüllte sie. Schweigend saßen sie da.

Heiko hatte alles verloren: Familie und Arbeit. Er hatte eine Firma gehabt, gekämpft, war erfolgreich gewesen und hatte investiert. Er hatte so viel Zeit investiert, dass er für seine Frau und seine Kinder am Ende keine Zeit mehr gehabt hatte. Als er von seiner letzten Geschäftsreise zurückgekommen war, war die Wohnung leer gewesen. Seine Familie hatte ihn verlassen.

Die Bank verkaufte seinen Kredit an eine andere, die ihn innerhalb von sechs Monaten zurückforderte. Es war der Zusammenbruch, die Insolvenz. Die Firma war kaputt. Plötzlich saß er arbeitslos und verschuldet in seiner Wohnung. Der Boden brach unter ihm weg. Vor Wochen noch war er Chef gewesen, erfolgreicher Leiter eines Unternehmens. Jetzt war er ein Niemand im anonymen Heer der Arbeitslosen.

Heiko saß mit seinem Jugendfreund Frank und Mohamed, dem alten Beduinen, auf einer Decke im Sand. Seit vorgestern hatten sie auf ihn gewartet. Kurz zuvor war Mohamed endlich gekommen. Unbemerkt, lautlos in der Dunkelheit der Wüste war er erschienen.

Schweigend tranken sie nun im Schein des Feuers Tee.

Der alte Beduine sah Heiko ruhig an. Dann fragte er ihn:

„Wen suchst du?"

Erstaunt blickte Heiko ihn an.

„Ich suche mich, der ich war und der mit dir hier im Sand sitzt".

Wie sollte man mit solch einem Lehrer sprechen, fragte er sich unsicher.

Die Augen des Alten blitzten.

„Wie kannst du jemanden suchen, der nie war?"

„Ich war, bin und denke. Darum spreche ich mit dir", gab er verwundert zurück.

„Wie kannst du sein, wenn du nicht bist?"

Die Augen des Alten drangen in sein Inneres und betrachteten ihn. Das weiche Lächeln mit dem scharfen Blick stach wie ein Messer in sein Herz. Heiko spürte einen lange vergessenen Schmerz.

„Ich verstehe nicht."

„Weißt du, was deine Substanz ist?"

„Mein Körper, meine Muskeln, mein Fett und mein Blut."

„Dann sage mir: Wieso fließt dein Blut?"

„Weil mein Herz es antreibt, und die Muskeln mein Herz schlagen lassen."

„Das ist nicht deine Substanz."

Der Alte schwieg einen Moment und deutete hinauf zu den Sternen.

„Worin schweben die Sterne?"

„Im Weltraum? Wieso?"

„Wie ist der Raum?"

„Der Raum ist leer. Er ist nichts."

Der Alte begann zu lächeln.

„Du hast etwas verstanden, Heiko."

„Was habe ich verstanden?"

„Der Raum ist nichts und leer. Darum können wir die Sterne sehen. Richtig?"

„Ja. Das stimmt", bestätigt er.

„Weil der Raum leer ist, kannst du dich in ihm bewegen, und die Sonnenstrahlen wärmen uns, weil sie seine Leere durchdringen. Stimmt das?"

„Ja." Auf was wollte der Beduine hinaus?

„Weil der Raum leer ist, können wir uns in ihm bewegen. Weil er leer ist, fliegen deine Worte mir zu. Wasser und Blut fließen durch seine Leere und dein Herz schlägt im Raum deines Körpers. Weil der Raum leer ist, können wir uns in ihm bewegen. Deine inneren und der äussere sind gemeinsam ein Raum. Ist es so?"

„So habe ich das noch nie gesehen. Ich kann nicht Nein dazu sagen. Doch ich bin. Ich existiere. Ich bin nicht Nichts …"

Der Alte spuckte Kautabak in den Sand.

„Wie kannst du sein, wenn du nicht bist? Du bist leerer Raum um dich herum, zugleich ist er das Innere deines Körpers. Deine Substanz ist leerer Raum, das Nichts. Er ist die Grundlage von Allem, die Grundlage des Seins, in dem wir uns bewegen. Alles, was ist, was kam, erwuchs aus dem Nichts. Also ist alles im Nichts, im leeren Raum enthalten. Also sind wir Nichts in Allem. Du bist Nichts. Wie also kannst du sein, wenn du nicht bist?"

Lauernd blickte der Alte ihn an.

„Aber ich spreche doch zu dir", widersprach Heiko. Was soll das alles, fragte er sich.

„Wenn du sprichst, wer bewegt dann deine Zunge?"

„Meine Muskeln."

„Wer aber bewegt deine Muskeln? Wer gibt ihnen die Energie? Frank, sag es ihm! Du bist der Mediziner!"

„Zucker und Fette", erklärte Frank gelassen. Er spürte, dass er schweigen sollte.

„Kommt der Zucker von dir? Kommt das Fett von dir?", fragte Mohamed weiter.

„Nein, natürlich von meiner Nahrung", gab Heiko erregt zurück.

„Du verzehrst Tiere und Pflanzen? Tiere aber fressen Pflanzen. Also kommt alles von den Pflanzen. Richtig?"

„Du willst sagen, die Pflanzen bewegen uns?"

„Sag es ihm, Frank: Wie kommt der Zucker in die Pflanzen?"

„Heiko, die Pflanzen verarbeiten Sonnenstrahlen zu Glukose und Zucker, der von den Tieren dann in Fett verwandelt wird. Glukose und Fett sind eigentlich transformiertes Sonnenlicht. Der Wind sorgt durch Verteilung der Samen für das Wachstum und die Vielfalt der Pflanzen. Die Sonne wärmt das Meer und die Luft. Daraus entstehen die Winde."

„Das weiß ich doch alles, Frank ..."

„Auch die Planeten entstanden einst aus der Sonne, aus einer Supernova heraus. Schwere Elemente wie Eisen gingen aus ihrer Kernfusion hervor. Die schweren Elemente daraus wurden durch die Sonnenstrahlen ins All transportiert und verdichteten sich beim Abkühlen in der Kälte des Raumes. So entwickelten sich Spiralnebel, die sich unter der Kraft der Gravitation immer weiter zusammenzogen und schließlich Planeten bildeten, darunter auch unsere Erde. Doch es ging noch weiter. Kometen schlugen auf ihre Oberfläche ein und trugen Aminosäuren und Kohlenstoffe mit sich. Das Sonnenlicht ließ alles wachsen. Alles entsteht also durch die Sonne und wird von ihr bewegt. Alles richtet sich nach ihr aus. Eigentlich sind wir nichts als transformiertes Sonnenlicht und Sternenstaub. Unsere Körper, könnte man sagen, sind verwandeltes Sonnenlicht. Die Metalle, das Eisen des Blutes – alles kommt von der Sonne."

Heiko war erregt und wehrte nervös ab: „Ich glaube, ich habe im Biologieunterricht ein bisschen gefehlt ..."

„Schade. Darum verstehst du nichts und ich musste erst kommen", fuhr der Alte ihn scharf an. Er lächelte listig.

„Berühre meine Haut. Ist sie warm oder kalt?"

„Warm", antwortete Heiko nun mürrisch.

„Spürst du die Wärme meines Atems und meiner Worte?"

„Ja."

„Dann spürst du also die Wärme der Sonne, die aus der Materie hervorging und wieder frei wurde. Also bewegt die Sonne deine Zunge. Also spricht die Sonne durch dich. Nicht wahr?"

„Unsinn. Natürlich spricht die Sonne nicht durch mich! Ich kann denken. Darum bin ich. Das sagte schon Descartes. Wir haben einen freien Willen und freie Gedanken. Ich spreche – und nicht die Sonne durch mich!" Heiko wurde laut. Sollte er sich etwa von diesem komischen Beduinen kleinmachen lassen?

Frank hatte unbedingt gewollt, dass er mit ihm sprach. Zwei Tage hatten sie in der Wüste auf ihn gewartet. Plötzlich, als Dunkelheit den Himmel überzog und das Feuer knisterte, saß der Alte schweigend zwischen ihnen. Lautlos, war er aus der Nacht aufgetaucht. Heiko bemerkte ihn zunächst gar nicht, weil er so in seinen Erinnerungen versunken war. Plötzlich schreckte er hoch und erblickte eine faltige Hand, die ihm Tee reichte. Verdutzt sah er in wache, dunkle Augen, die ihn freundlich anlächelten.

Die Flammen des Feuers tanzten. Mürrisch blickte er Mohamed in die Augen und überlegt: Descartes hatte doch recht.

„Du versuchst zu tun, was du denkst. Du sagst, was du denkst. Ist es nicht so?"

„Ja, das tue ich."

„Bist du sicher?"

Heiko schwankte. Auf was wollte der Alte hinaus?

Der schlürfte nur seinen Tee, doch seine Augen fixierten ihn. Sie ließen ihn nicht los.

Er wurde unruhig.

„Wenn du also einen freien Willen hast, sprichst du, was du denkst. Du tust, was du denkst, denn du bist ja frei. Das heißt, du wolltest, dass deine Familie dich verlässt. Das wäre die Konsequenz deiner Gedanken und Handlungen. Du wolltest, dass dein Geschäft kaputtgeht. Das wolltest du doch. Nicht wahr?"

Heiko wollte etwas erwidern, doch die Worte blieben ihm im Hals stecken.

„Hier, trink ein Glas Tee."

Die Augen des Beduinen waren offen und klar. Adern traten auf seiner braunen, sonnengegerbten Hand hervor. Er hielt ihm das kleine Glas hin.

„Nein, ich will nicht! Es stimmt nicht, was du sagst!" Heiko war erregt.

„Trink deinen Tee, bevor er kalt wird!"

„Nein! Ich sagte, dass ich nicht will!" Er war aufgebracht. Alles in ihm sträubte sich gegen die Worte des Alten, der ihn anlächelte.

„Meine Gedanken sind meine eigenen, darum bin ich! Natürlich wollte ich nicht, dass meine Familie mich verlässt! Die Bank hat meine Firma ruiniert!", fuhr er den Alten an.

„Danke vielmals. Du hast gerade bewiesen, dass du nicht bist".

„Was soll das denn jetzt wieder?"

„Das soll heißen: Du hast keine eigenen Gedanken. Darum bist du auch nicht. Du sagtest, deine Gedanken gehören dir, weil du deine Gedanken bist. Weil aber deine Gedanken offenbar nicht dir gehören und du keine eigenen Gedanken hast, bist du nicht." Der Alte lächelte gütig.

„Natürlich habe ich eigene Gedanken", wehrte Heiko sich.

So ein Unsinn, natürlich bin ich, dachte er. Warum war es Frank so wichtig gewesen, dass er diesen verrückten alten Beduinen kennenlernte? Frank mit seinem Helfersyndrom! Er ärgerte sich über ihn. Er verstand das Ganze nicht.

„Du bist ein Kamelkopf. Deine Gedanken kommen von den Stimmen in deinem Kopf. Doch wer sind diese Stimmen? Es sind Stimmen und Gedanken deiner Eltern und der Erziehung, die du verinnerlicht hast. Es sind Gedanken der Bücher, die du gelesen hast. Es sind Gedanken der Freunde, mit denen du gesprochen hast. Es sind Gedanken des Glaubens, den du dir einverleibt hast. Du hast sie dir zu eigen gemacht. Du aber hast nichts Eigenes."

„Wenn ich nichts Eigenes habe, was ist dann das Entscheiden in mir? Ich kann doch entscheiden, ob ich dies will oder das!"

„Richtig: Du kannst entscheiden. Was aber hat das mit Freiheit zu tun? Du reagierst nur auf Erfahrungen, die du durch dein ICH erkennst. Deine Erinnerungen sind deine gemachten und vergangenen Erfahrungen. Deine Gefühle bewerten sie als gut oder schlecht. Diese belegst du mit neuen Gedanken und Vorstellungen der Gegenwart. So wanderst du durch eine endlose Spirale deiner selbst. Was hat das aber mit Freiheit zu tun? Du wanderst nur in deinen Vorstellungen. Du bist von deinen Vorstellungen geblendet und drehst dich um dich selbst. Du reagierst auf sie, die dir den Weg bereits weisen, bevor du sie bewusst erkannt hast. Doch du reagierst nur auf sie."

Sie blickten sich an. Heiko wollte etwas erwidern, doch alles drehte sich in ihm.

„Ich reagiere also nur und wiederhole nur das, was ich immer getan habe? Ich wachse nicht und entwickle mich nicht? Ist es das, was du sagen willst?"

„Ja, vielleicht ist das dein Problem, dass du dich nicht entwickelt hast. Du bist nicht erwachsen geworden. Du steckst noch in den Kinderschuhen. Vielleicht ist deine Frau dir deshalb weggelaufen?"

„Was, ich stecke noch in meinen Kinderschuhen? Was meinst du damit?", er fuhr den Alten scharf an, fühlte sich provoziert. Ihm wurde heiß.

„Ich meine, dass du nur das wiederholst, was dir als Kind gutgetan hat. Du greifst auf das zurück, was dir Sicherheit und Anerkennung gab. Diese Erfahrungen führen deine Augen und lassen dich die Welt so sehen, wie du sie siehst. Das heißt aber nicht, dass sie so ist. Du wiederholst Verhaltensweisen deiner Kindheit, die dir guttaten und dich schützten. Du greifst zurück in die Vergangenheit und bleibst zugleich in ihr stecken. Du handelst, redest, siehst und sprichst wie ein Kind. Darum machst du keine Fortschritte. Deshalb gibt es keinen Fortschritt. Verstehst du, Heiko?"

„Blödsinn! Natürlich gibt es Fortschritte, zum Beispiel in der Technik. Wieso telefonierst du mit deinem Handy?"

Heiko fühlte sich sicher und überlegen. Jetzt hatte er den Alten.

„Das Handy ist nur ein Spielzeug. Doch was ist es in Wirklichkeit? Ist es nicht ein unvollkommener Versuch, Ohren und Sprache nachzubauen? Ist eure Technik nicht ein Versuch, die Natur zu kopieren? Kann ein Techniker eine solche Hand machen?"

Der Beduine hielt seine Hand übers Feuer; sie bewegte sich weich und wellenartig. Jetzt schnitt er mit ihr scharfe Zeichen in die Luft.

„Können die Hände eines Roboters schreiben, fühlen und empfinden? Nein, können sie nicht! Ihr versucht immer nur vergeblich, die Vollkommenheit der Natur zu kopieren. Doch ihr scheitert. Ihr werdet nie etwas erfinden, was die Natur nicht schon vor euch erschuf. Das nennt ihr dann Fortschritt. Die Natur war längst vor euch da und hat alles vorbereitet. Darum steht die Zukunft schon in vielen Möglichkeiten und ruft die Gegenwart zu sich. Ein Same ist da, weil er die zukünftige Blume ist, die ihn zum Wachsen bringt. Das Leben erschuf die Idee des Denkens durch die Natur und das Gehirn. Ohne Gehirn könntest du nicht denken. Mit dem Gehirn hat das Leben etwas in der Vergangenheit erschaffen, das sich erst in Zukunft durch unser Wirken zeigen wird. Mit jedem Schritt, den du machst, schreitest du in deine schon gemachte Zukunft. Du schreitest auf der fertigen Erde in sie hinein. Wir sind unfertige, fehlerhafte und abhängige Wesen. Wir sind von der Natur und der Schöpfung abhängig. Wenn du hier in der Wüste zwei Tage nichts trinkst, bist du tot. Wir sind abhängig – und das ärgert uns. Wir wehren uns dagegen, lehnen uns gegen das Leben auf. Unsere Gedanken aber entstehen erst durch den Geist des Lebens. Wir sind nur ein Springbrunnen. Das Leben selbst ist die Quelle und der Fluss unseres Lebens. Es sprudelt in uns mit Inspirationen. Das Wasser und der Geist der Quelle lassen uns atmen und denken."

Etwas verschob sich in Heikos' Kopf. Die Stille der Wüste war plötzlich drückend. Er kratzte sich die roten Flecken am Bein, die sich immer zeigten, wenn er erregt war. Sein Fortschrittsglaube, sein Überlegenheitsgefühl bröckelten unter den Worten des Alten.

„Frank, erzähl ihm von unserem letzten Gespräch!"

„Wir sprachen über die Natur. Da erinnerte ich mich an einen Gedanken von Dawkins. Er schreibt, dass die Gene unseren Körper brauchen, um sich durch ihn zu verwirklichen und fortzuentwickeln. Dazu kamen mir folgende Gedanken: Ich überlegte mir, dass die Strukturen unserer Städte, Länder, Spiegelbilder unserer inneren Körperorganisation sind."

„Wie meinst du das?"

„Die Organisation unseres Staates mit der Regierung (also der Exekutive) entspricht unserer Persönlichkeit, unserem willentlichen, handelnden und ausführenden Bewusstsein mit dem ICH. Der Wille führt aus, was das Parlament beschließt. Das Parlament (die Legislative) wären die Gehirnzentren mit den Genen. Das Parlament arbeitet die Aufträge und Bestimmungen für die Exekutive aus. Alles wird dort, im Gehirn, vorgeprägt.

Das passiert in unserem Unbewusstsein. Unsere inneren vorgeprägten Erfahrungen steigen auf ins Tagesbewusstsein zum ICH, wo wir sie bewusst erkennen. Das ICH in uns, setzt nun das von uns Erkannte in Handlungen um, um es zu verwirklichen. Die Exekutive, die Regierung, muss nun diese vom Parlament bestimmten Aufträge ausführen und im Land verwirklichen. Unser Körper mit den Zellen macht Erfahrungen. So wissen wir nicht, was in unserem Körper genau vor sich geht, wie unsere Zellen empfinden und fühlen. Er arbeitet autonom. Die Zellen entsprechen also dem Volk. Computer, Nachrichtensysteme, Post und Telefon entsprechen unserem inneren Nervensystem, das Informationen von Zelle zu Zelle leitet. Die Straßen entsprechen unseren Blutbahnen. Die Transportmittel, Autos, Züge und Flugzeuge, entsprechen unseren Blutkörpern, den Albuminen, die alles im Blut transportieren. So erschaffen wir alles im außen – spiegelartig aus unseren inneren Erfahrungen. Das Äußere – unsere Städte, technische und gesellschaftliche Organisationen, sind meist Spiegelbilder unseres Inneren."

„Ein guter Gedanke, Frank. Er hat mich nach unserem letzten Gespräch noch lange beschäftigt. Du bist so still geworden, Heiko. Was ist mit dir los?"

Er starrte abwesend in den Sand.

Wieder sah er die leere Wohnung vor sich und spürte die innere Leere und Einsamkeit. Alles in ihm war kalt geworden, als seine Familie ihn verlassen hatte. Er fühlte sich gelähmt und war plötzlich wieder in jener Traurigkeit gefangen, die ihm alle Kraft nahm.

Frank sprach indes weiter.

„Ich überlegte, dass unsere Zivilisation nur ein Spiegelbild unseres Körpers ist. Es kann eigentlich gar nicht anders sein. Wieso? Unsere Körper- und Gehirnorganisation richtet unsere Denkstrukturen ein. Nach dem Vorbild unseres Inneren kopieren wir nun unsere Organisation ins Außen. Damit bauen wir spiegelartig Strukturen der Gesellschaft auf. Unser Inneres zeigt sich auch spiegelartig in den Funktionen der Natur, denn wir sind ein Teil von ihr. So empfinden wir durch unsere Innerlichkeit, die äußere uns umgebende Welt. Die Evolution benutzt unsere Gene, um durch Hormone und Zellen unser Grundverhalten zu steuern. Ihre Erfahrungen wollen sich im Außen neue Formen geben. Deshalb sind die Grundstrukturen des Körpers, der Wahrnehmung und der Kommunikation bei allen Menschen ähnlich. Das Leben wächst durch die Evolution, durch die Natur und unsere Körper hindurch, um in die Gemeinschaften hineinzuwirken." Fragend und unsicher blickte Frank den Alten an.

Der Beduine liess Heiko nicht aus den Augen, holte ihn aus seinen Gedanken zurück ans Feuer.

Heiko konnte sich selbst nicht mehr ertragen. Er fühlte sich nackt, von den Blicken des Alten beobachtet. Sie provozierten ihn noch mehr, machten ihn nun richtig wütend. Er ärgerte sich über dieses Gespräch und fand das Ganze völlig absurd. Er hatte genug davon. So weit war er gereist, um sich nun so, von ihnen behandeln zu lassen? Heiko begann zu zittern.

„Jetzt reicht es mir langsam. Was soll das alles. Natürlich habe ich einen freien Willen!", es wurde ihm zuviel.

Er fühlte sich beschämt, wie ein Schuljunge behandelt. Aggressiv fuhr er nun aus seinen trüben Gedanken auf. Er konnte den Schmerz nicht mehr ertragen, wollte ihn nicht mehr. Er kam sich dumm und bevormundet vor. So ging das nicht mehr. Zitternd mit geballten Fäusten stand er plötzlich vor ihm.

„Du willst mich schlagen Heiko? Wäre das frei?"

„Ja! Soll ich es dir beweisen?"

„Wenn du mir beweist, dass dein Entschluss wirklich aus Freiheit entstanden ist, dann schlag mich jetzt! Kannst du dir das selbst aus tiefstem Herzen beweisen, Heiko? "

Verwirrt blickte er in das ernste Gesicht des Alten. Er bebte vor Wut und Ohnmacht. Heikos Selbstbild geriet ins Wanken. Doch er wollte es nicht zulassen, wehrte sich dagegen. Plötzlich stieg Angst in ihm empor. Was tat er hier eigentlich? Er blickte auf seine Hände: War sein Leben nur eine Illusion gewesen? Hatte er seiner Familie Unrecht getan?

Nein, er war nicht frei gewesen, war ohnmächtig getrieben von sich selbst. Voller Bestürzung sah er sich von Termin zu Termin hetzen. Seine Frau wurde immer stiller. Seine kleine Tochter drehte sich weg, wenn er sie in den Arm nehmen wollte. Sein Sohn schwieg abweisend. Hatte er das so gewollt?

Nein, er war gefangen gewesen, gefangen in seinen Schuldgefühlen, Vorstellungen und Wünschen. Erschrocken sah er es, konnte aber nichts dagegen tun. Er war zu sehr verstrickt in seinen Strategien, Plänen, Geschäftszielen und Vorhaben. Sie waren es, die ihn organisierten, sein Denken und Handeln bestimmten.

Nein, mit Freiheit hatte das nichts zu tun gehabt. Auch nicht mit seiner Familie. Alles hatte sich nur um ihn gedreht. Die anderen waren nur ein Alibi gewesen. Er war ein Gefangener seiner Wünsche gewesen, eingesperrt in seinen Ehrgeiz.

Seine Hände begannen zu zittern. Plötzlich trat er aus seinem Gedankengefängnis heraus. Sein Kopf wurde klar. Er erwachte.

Der Alte blickte ihn ernst und mitfühlend an.

„Was du freien Willen nennst, ist nur eine Reaktion auf mich und eine Flucht vor deinem Schmerz. Du fliehst vor deiner Angst, die du nicht aushalten und fühlen willst. Doch das hat nichts mit Freiheit zu tun. Es ist Gefangenschaft."

Heiko blickte ihn verstört an. Er fühlte sich nackt und schutzlos.

„Aber meine Gefühle?" Die Worte blieben ihm fast im Hals stecken.

„Deine Gefühle sind Erfahrungen deiner Vergangenheit und Erziehung. Du konntest noch nicht denken. Also gaben deine Eltern dir Bedeutungen. Deine Gefühle reagierten auf sie. Es sind die damaligen Spannungen, die du heute noch spürst. Sie wirken noch in dir."

Plötzlich bemerkte Heiko wütend, dass er noch immer vor ihm stand. Er kam sich dumm vor. Unbeholfen, ohnmächtig setzte er sich wieder auf die Kamelhaardecke.

„Kommt das nicht auch von den Hormonen, Frank?" Er versuchte abzulenken und dem Alten auszuweichen.

„Ja, zu einem Teil sind es deine Hormone. Sie steuern deine Funktionen und dein Grundverhalten."

Heiko wehrte sich noch, doch eigentlich schämte er sich. Er schämte sich für sein Versagen und die Zerstörung seiner Existenz. Er schämte sich für sein Leben.

„Kannst du einen Baum um deinen Hals binden, Heiko?"

Die Frage klang wie ein Rätsel.

„Was soll das heißen?" fragte er mürrisch.

„Das soll heißen, dass das Holz, sein Wesen, dir Grenzen setzt. Es ist hart. Darum kannst du einen Baumstamm nicht um deinen Hals binden. So setzten dir die Möglichkeiten der Hormone Grenzen. Sie begrenzen dein körperliches Verhalten, so wie das Holz hart und unbeweglich ist."

Heiko schien sich etwas beruhigt zu haben.

„Was meint er, Frank? Ich bin kein Mediziner."

„Zellen reagieren durch Rezeptoren auf Botschaften der Hormone. Über die Nervenstränge werden die Muskeln in Bewegung gesetzt. Die Fremdprogramme der Evolution lenken dich durch die Gene, durch deine Hormone und über das Nervensystem. Bei Gefahr hast du nur drei Möglichkeiten dich zu verhalten: den Flucht-, den Angriff- und den Totstellreflex. Das sind alte und archaische Programme, die unser soziales Grundverhalten mitbestimmen. Damit lenkt die Natur uns und die Tiere. Dieser Mechanismus ist Millionen Jahre alt, ein kollektives Regelungssystem. Es hat nichts mit uns persönlich zu tun. Die Erfahrungen, Dynamiken und Funktionen der Evolution sind kollektiv, doch wir empfinden sie durch unsere Erfahrungen als individuell. Unser Gruppenverhalten, das der Tiere, wird dadurch geregelt. Verstehst du?"

Frank blickte seinen Freund forschend an. Er wollte verstanden werden und suchte nach Zeichen von Zustimmung. Der Wunsch nach Anerkennung machte ihn unsicher und abhängig von seinen Zuhörern. Manchmal verwarf er Gedanken wieder, wenn sie nicht auf Bestätigung trafen. Das kannte er und ärgerte sich jetzt wieder darüber.

Heiko schaute ihn ungläubig an.

Frank fuhr fort:

„Mohamed will dir nur zeigen, dass dein instinktives Grundverhalten nicht dein eigenes ist. Es ist in ein soziales, kollektives Verhalten von Mensch und Tier eingebunden. Du reagierst mit deinen Gedanken, deinem ICH darauf. Darum bist du nicht frei in deinen Entscheidungen. Du reagierst nur auf deine inneren, tieferen Impulse, auf ein inneres physiologisch schon vorgeprägtes evolutionäres Gruppenverhalten. Das Gruppenverhalten bildet sich in der Evolution über den Revier-, den Bindungs- und den Aggressionstrieb. Mit diesen Trieben bestimmt die Natur, wie wir uns in Gruppen verhalten."

„Das heißt, ich reagiere und fühle wie ein Tier? Ich renne wie ein Hund dem Stock nach?", fragte Heiko zynisch.

„Ja. Am Wochenende stehst du grölend mit deinen Freunden im Fußballstadium und fieberst dem Ball nach." Frank blickte ihn an.

So hatte er es nicht gemeint. Er liebte Fußball, doch sie waren keine Hunde. Er schwieg und ging nicht auf seine Provokation ein.

„Es geht nur um deine Grundverhaltensweisen. Sie sind bei Mensch und Tier gleich. Auf sie kannst du mit deinen Gedanken reagieren und neue eigenständige

Entscheidungen treffen. Wir fühlen uns wohl, wenn wir innerhalb einer Gruppe sind. Wir fühlen uns jedoch schnell unwohl, wenn wir am Rand stehen. Warum? Tiere bilden bei Gefahr Gruppen oder Schwärme zum Schutz. Das gibt dem einzelnen Tier Sicherheit. So kann ein Angreifer sich weniger auf ein einzelnes Tier konzentrieren und wird von der Gruppe eingeschüchtert. Die gleiche Geborgenheit fühlen wir Menschen in einer Gruppe. Die Tiere am Rand dagegen sind nicht gut geschützt und der Aufmerksamkeit des Angreifers ausgeliefert. Er kann sie von der Gruppe trennen und töten. Darum fühlen wir uns in einer Außenseiterposition am Rande der Gruppe nicht wohl. So wird unser Fühlen und Grundverhalten von der Evolution gelenkt. Sie ist kollektiv und wirkt als Erfahrung in der Natur, in den Gemeinschaften und in uns. Durch ihre Prägungen können wir keinen freien Willen haben."

„Wir sind also noch instinktgesteuert? Wie Tiere?"

„Ja, zum Teil. Doch wir lösen uns mit unserem Denken daraus. Wir sind uns dessen nicht bewusst. Durch Auslösesignale von außen wird unser Verhalten aktiviert. Neue Erfahrungen mischen sich mit vergangenen. Dadurch schieben wir Vergangenes auf die Gegenwart, blicken durch eine Brille. Wir leben eine bestimmte Vorstellung, die uns dominiert. Doch wir sind nicht diese Vorstellung alleine, verwechseln unser Ganzes mit ihr. Wir sind das Gesamte dahinter. Das will Mohamed ausdrücken, wenn er sagt, dass du nicht bist. Du bist nicht die momentane Vorstelllung von dir, mit der du dich selbst verwechselst."

Mohamed hatte Heiko nicht aus den Augen gelassen. Wie ein Adler, der seine Beute sucht, wartete er auf etwas. Er mischte sich nun wieder ein.

„Stell dir Folgendes vor: Man zieht eine Brille der vergangenen Erfahrungen über seine heutigen. Die Augen sehen die Gegenwart durch sie. Das heißt, wir leben gleichzeitig in Gegenwart und Vergangenheit. Wir sprechen die gleichen Worte und verstehen uns doch nicht. Dennoch bewegen meine Worte dich wie ein Spiegel, durch den du dich siehst. Die Menschen und die Natur sind unsere Spiegelbilder, die uns formen und bewegen. Sie geben uns ein ICH-Gefühl. Deine Familie, deine Mitmenschen sind gemeinsam dein Spiegel. Durch ihn geben sie dir einen Wert und eine Rolle. Du spürst, wie du bewertet wirst und reagierst darauf. Das ist das, was du zu sein glaubst. Was aber nicht heißt, dass du das bist. Es ist nur eine deiner Vorstellungen, die du von dir selbst hast. Es sind nur Erinnerungen deiner Vergangenheit, die im Zusammentreffen mit einem Menschen ausgelöst wurden. Du empfindest sie im Körper und bewertest sie mit Gefühlen. So fühlst du nun deine Vorstellung. Das ist die Brille. Du brauchst aber diese Erinnerungen, um mit ihnen deine Gegenwart zu erkennen und zu bewerten. Dadurch wiederholst du aber auch das, was dir angenehm und vertraut war. Du wehrst dich gegen Unangenehmes, Neues. Dadurch wiederholst du ständig alte Verhaltensweisen, Gefühle und Situationen, die du schon sehr lange kennst. Du erschaffst sie ständig neu und entwickelst dich nicht weiter. Im Kreis vergangener Erfahrungen bewegst du dich, merkst es selbst nicht und sperrst dich zugleich gegen deine zukünftigen Möglichkeiten. Du rennst wie ein Hamster im Rad deiner Gewohnheiten und denkst, dass du dich fortbewegst. Du merkst nicht, dass es das sich drehende Rad ist, das dich in sich rennen lässt. In deiner Entwicklung stehst du still."

Diesmal konnte Heiko nichts erwidern. Es stimmte: Immer, wenn er einen tollen Geschäftsabschluss gemacht hatte, war er mit Freunden feiern gegangen. Seine Frau hatte er nie mitgenommen. Wenn er sich wieder über sie geärgert hatte, hatte er die Tür zugeworfen und war spazieren gegangen. Diese Fluchten waren Rituale in seinem Leben geworden. Wie oft hatte seine Frau ihm vorgeworfen, dass er ihr nie zuhörte und sie nicht ernst nahm! Er flüchtete und ließ sie allein. Doch das hatte er nicht sehen wollen.

„Mohamed hat recht", brach Franks Stimme in Heikos' Gedanken ein.

„Eine unbewusste Erinnerung besteht aus Bildern gemachter Erfahrungen. Sie wird von außen durch eine Frage aktiviert, steigt nun empor und wird von unserem ICH erkannt. Gefühle bewerten, verstärken sie. Sie verstärken dadurch die Motivationen, Beurteilungen der Vergangenheit. Das ist die Prägung, auf die wir nun bewusst mit unserem Willen reagieren. Dadurch kann er nicht frei sein. Er ist nur eine Reaktion. Richtig, Mohamed?"

Wieder war da dieser Wunsch nach Anerkennung …

Der Alte nickte schweigend.

„Gleichzeitig sehen wir das Außen und versuchen, zwischen Innen und Außen auszugleichen. Wir können mit unserem Willen nur darauf reagieren. Ist das frei Heiko?".

„Ja, es ist frei. Weil wir auf das reagieren, was wir sehen und entscheiden."

„Woher weißt du, dass das, was du siehst, so ist?"

Frank lehnte sich ein wenig vor und streifte die Asche seiner Zigarette ab.

„Weil ich es sehe."

Heiko war überfordert. Es gefiehl ihm nicht, dass sein Freund den Alten imitierte. Am liebsten würde er sich in seine Traurigkeit zurückziehen. Doch es gelang ihm nicht; er war hellwach. Es waren nicht nur die Worte; etwas anderes, Unbekanntes brachte etwas ins Wanken. Er hatte Angst.

„Falsch, Heiko. Du kannst nur das sehen, was deine Sinnesrezeptoren wahrnehmen. Alles andere zieht unbemerkt an dir vorbei. Du bemerkst es noch nicht mal. Eine Schlange sieht Wärme. Kannst du das?"

„Nein, natürlich nicht …"

„Eine Fledermaus sieht Schallwellen. Kannst du das?"

„Nein. Was soll das?" Er ärgerte sich über Frank

„Eben: Du kannst das alles nicht. Genaugenommen kannst du nur das sehen, was in deinem Gehirn erzeugt wird. Diese Innenerfahrung projizierst du nach außen. Das nennst du dann deine Realität. In Wirklichkeit ist es nur die Abbildung, die von deinem Gehirn gemacht wurde. Weil das Gehirn, unsere Sinnesorgane aber alle gleich organisiert sind, projizieren wir alle gleich und nehmen alle gleich wahr. Das heißt aber nicht, dass der Baum, den wir alle sehen, wirklich so aussieht. Wir, alle nehmen nur seine gleichen Teilaspekte wahr. Das nennen wir dann Baum. Zugleich sind aber unsere Erinnerungen an Bäume von Mensch zu Mensch verschieden. So erkennen wir gleiches durch die Sinnesorgane, bewerten es aber durch Erinnerungen verschieden. Aus diesen beiden Eindrücken machen wir uns eine Vorstellung des Baumes. Wir sehen also nur unsere Idee des Baumes. Der Baum als Ganzes kann völlig anders aussehen. Diese Idee bist du nicht. Das will er dir erklären. Das Leben ist größer als deine Vorstellung von ihm."

„Das heißt, die Realität ist nicht so, wie wir sie sehen. Meinst du das, Frank?"

Der Alte mischte sich jetzt wieder ins Gespräch. Er hatte inzwischen in Ruhe seinen Tee getrunken.

„Genau, und darum bist du auch nicht".

Er griff zum Tabakbeutel. Heiko war fasziniert vom Bewegungsfluss seiner Hände. Wie der Alte weich und schnell mit langen, geschmeidigen Fingern seine Zigarette drehte!

„Jetzt hör endlich auf! Natürlich bin ich!"

„Ja, du bist und bist gerade deshalb nicht."

„Wenn ich eine Frau anlächele, versteht sie es."

„Ja, aber das kommt nicht von dir."

„Natürlich kommt es von mir!"

„Nein. Erkläre es ihm, Frank."

Frank wurde verlegen. Er wollte lieber nur zuhören.

„Wie ich gerade erklärte, ist die Anatomie der Gesichtsmuskeln bei allen Menschen ähnlich. Die Formen deiner Muskeln waren schon da, bevor du das erste Mal gelächelt hast. Ohne sie könntest du nicht lächeln. Darum verstehen Chinesen, Afrikaner, Amerikaner und Europäer instinktiv alle gleichermaßen, was ein Lächeln bedeutet. Wir sprechen, weil wir das Sprechen gelernt haben. Das Leben mit seiner Evolution gab uns durch den Bau des Kehlkopfes aber erst die Voraussetzung dafür. Hätten wir diese spezielle Kehlkopfform nicht, könnten wir nicht lernen zu sprechen. Die geistigen Konzepte des

Lernens, der Sprache und des Lächelns können sich nur durch Körper ausdrücken. Der geistige Bauplan ist in den Genen gespeichert, muss darum also schon vor der Erschaffung unseres Körpers existiert haben. Die Konzepte Lächeln, Sprechen und Kehlkopf, waren also schon da, bevor sie sich selbst durch die Natur, durch die Gene im Körper des Menschen ausdrückten und nun wirken. Wir sind nur ein Werkzeug, erfahren das Leben durch unseren Körper in den Gemeinschaften. Es wächst durch uns hindurch und entwickelt sich zu seiner Zukunft hin. Das will er dir zeigen. Verstehst du?"

Heikos' abwehrende Haltung verunsicherte ihn. Frank zündete sich nervös eine Zigarette an. Das Knistern des Feuers beruhigte ihn, während er den Rauch tief in seine Lungen sog.

Schweigend blickten sie sich an.

Plötzlich stiegen in Heikos' Kopf wieder vergangene Bilder auf.

Er sah sich am Stammtisch sitzen, Reden über den freien Willen und modernes Unternehmertum halten. Er kam sich toll vor und wichtig. Hatte er sich so geirrt? Seine Frau wartete zuhause auf ihn. Doch er konnte die Ruhe nach dem Stress des Tages nicht ertragen. Langsam begann er zu kapitulieren.

Die Dunkelheit bettete ihn sanft. Etwas öffnete sich in ihm. Etwas, das er nicht beschreiben konnte.

Langsam begann er zu begreifen, dass seine Ideen von freiem Willen und freiem Unternehmertum Illusionen gewesen waren. Er sah plötzlich, wie falsch es gewesen war, Menschen in Verlierer und Gewinner aufzuteilen. Seine Vorstellungen von Verlierern waren das Alibi für seinen Ehrgeiz gewesen. Sie halfen ihm sein falsches Selbstbild aufzublähen. Es war falsch.

Seine Familie hatte nach außen Ordnung und Anständigkeit repräsentiert. Doch mit seiner Frau und seinen beiden Kindern war er unaufmerksam und lieblos umgegangen. Er hatte sie mit Predigten tyrannisiert. Wenn es stimmte, was der Alte sagte, war das, was er ihnen gepredigt hatte, falsch gewesen ... Ja, viele seiner Worte stimmten, auch wenn er sich darüber ärgerte. Er konnte seine Erklärungen nicht widerlegen. Plötzlich schämte er sich. Er erkannte sein Unrecht. Etwas in ihm begann zu zittern.

Frank blickte seinen Freund an. Plötzlich hatte er weiche Augen. Sonst zog er über seinen Augen die Stirn immer zu einer Falte zusammen. Sie war verschwunden.

„Was hast du?"

Voller Scham erzählte Heiko dem Alten seine Gedanken und Gefühle. Die Mauer war gebrochen. Fluten des Schmerzes, der Einsamkeit, brachen durch.

Mohamed hörte ihm lange und ernst zu.

„Ja, du hast Recht, dich zu schämen."

Heiko begann zu zittern. Ein Schluchzen durchfuhr ihn, Tränen stiegen empor. Sein Schmerz krampfte, zog seinen Kopf herab. Er hustete, als ob er sich von etwas befreien würde, es aus sich heraushustete. Es schüttelte ihn. Dann kam wieder das befreiende Weinen.

Der Alte schwieg.

Frank war betroffen. Er hatte seinen Freund noch nie so erlebt.

Sie blickten ins Feuer. Jeder war in seine Gedanken versunken. Sein Schluchzen beruhigte sich langsam.

Heiko suchte in seiner Hosentasche ein Taschentuch und schnäuzte sich.

„Entschuldigt. Tut mir leid."

Als er aufhörte, fragte der Alte ihn lächelnd:

„Weißt du, warum du schuldig bist und dich schämst?"

„Wieso?"

„Weil du dich selbst so hart gerichtet hast. Weil du ein so unerbittlicher Richter warst und noch bist. Du hast dich dein ganzes Leben, unerbittlich hart und ungerecht verurteilt. Du hast dich gequält, dich und die Natur nie angeschaut. Du warst blind, in den Deutungen deines Eigensinns gefangen."

Genüsslich zog er an seiner Zigarette. Der Rauch verwandelte sich von einer kleinen Wolke in eine spiralförmige Karawane, die zu den Sternen hinaufzog. Mohamed genoss die Ruhe unter der Unendlichkeit des Himmelsgewölbes. Wer war er schon darin? Was konnte er dem Leben geben? Er sog noch einmal und schnippte dann die Zigarette ins Feuer. Sie verglühte an einem brennenden Ast.

„Heiko, du hast deine Deutungen der Wirklichkeit über das Leben gestülpt, so wie dieses Gummi, das ihr benutzt, um eure Frauen nicht zu schwängern. Du wolltest den Samen des Lebens in dir töten. Du wolltest dich von ihm – den das Leben in dich gießen wollte, trennen. Aus diesem Schmerz heraus hast du andere und dich so hart verurteilt. Damit hast du gegen das Leben, gegen die Natur und gegen dich selbst gekämpft. Du hast gegen dein Herz gekämpft. Du hast dich mit falschen Ansprüchen gegen die Anderen, gegen das Leben, gewandt und sie tyrannisiert. Du wolltest zu viel und zu viel von dir selbst. Jetzt bist du müde, erschöpft und hast alles verloren. Doch es ist nicht deine Schuld. Das darfst du lernen: Denn du bist nicht. Das, was du glaubtest zu sein, waren falsche Deutungen und Vorstellungen, die man in dich pflanzte. Sie sind das, was du glaubtest zu sein. Du lebst aus den Fremdaufträgen, Stimmen deiner Eltern und Freunde heraus. Sie waren dein künstliches Gewissen. Dein eigenes Seelisches war darunter verdeckt. Du hattest keinen Zugang mehr dazu. Du hast den Dingen falsche Bedeutungen gegeben und sie falsch gedeutet. Du hast dich darin falsch gedeutet, weil du es so gelernt hattest. Diese Deutungen, die dir nicht entsprachen, wurden in deinem Denken und Fühlen verankert. Du bist sie geworden. Doch du bist unschuldig, du trägst keine Schuld daran. Vergib dir selbst."

Mohamed schwieg einen Augenblick und ließ seine Worte wirken. Er genoss diesen Moment der Einkehr nach dem anstrengenden Tagesmarsch, den er unter der glühenden Sonne hinter sich gebracht hatte. Vor seinem inneren Auge sah er die Sonne wie einen Feuerball sinken. Die augedörrten Hügel, Schluchten, die weiten Sandflächen lachten ihm rotleuchtend entgegen und verabschiedeten sich im Vertrauen auf den kommenden Morgen.

„Heiko, es gibt keine Schuld. Schuld heißt nur, dass du am Leben beteiligt bist. Du denkst und fühlst nicht alleine für dich. Durch deine Gedanken und Gefühle bewegst du andere, so wie du durch sie bewegt wirst. Vergib dir selbst. Deine Tränen schmelzen das Eis deiner Einsamkeit. Dein Schmerz lässt die gefrorenen Erdschollen in dir brechen und das Wasser wieder fließen. Im Erdreich deiner Seele findet es den Samen deines Lebens. Der

Same deiner Liebe lässt den feinen, zarten Stängel empor zur Sonne deiner Seele wachsen und deine Erdscholle durchbrechen. Das ist dein Liebesschmerz. Der Stängel wächst zum Licht. Die Blumen der Liebe erblühen wieder mit den Farben deiner Vielfalt, deiner Kraft und deinem Eros. Sie duften wieder aus dir, und der Nektar deines Schweißes fließt. Trink deinen Tee!"

Der Alte beobachtete ihn und berührte mit dem Blick sein Herz.

Plötzlich fühlte Heiko, was ihn immer verfolgt hatte: Das Leben hatte sein Selbstbild angegriffen. Er fühlte sich minderwertig und merkte, dass er sich selbst nie genügen konnte. Dafür hasste er sich, flüchtete in Perfektionismus und Härte. Jetzt begriff er, dass es das Leben selbst war, das er in sich bekämpft hatte. Seine Angst bedrohte ihn. Er hatte seine Minderwertigkeit abgewehrt und sich in Arbeit, in Verantwortung und Erfolgsdenken geflüchtet. Er versuchte, sich seine Ideen von Größe und Stärke zu beweisen, um sich wieder mächtig zu fühlen. Plötzlich erkannte er den Größenwahn, der daraus erwachsen war. Er hatte Stress mit Lebendigkeit verwechselt, Getriebensein mit Leben. In Wirklichkeit war er vor dem Leben, vor seiner Liebe und seinem Herzen geflüchtet. Er hatte sich selbst zerstört. Er hatte alles zerstört und die anderen tyrannisiert. In welchem Irrtum und Wahn hatte er gelebt!

Neue Tränen schüttelten seinen Körper, und seine Seele erwachte.

„Mohamed, sag mir eines: Ich wollte immer nur Gutes für mich und meine Familie. Wieso verfiel ich dieser Selbstverblendung?"

Er zitterte, Altes löste sich mit den Tränen auf. Er suchte ein Taschentuch, fand es nicht.

„Weil du Gutes wolltest und damit das Böse entstehen ließest", meinte der Alte gelassen und schlürfte wieder seinen Tee.

„Das begreife ich nicht!"

Mit dem Ärmel des Pullovers wischte er sich seine Nase ab und versuchte das Weinen zu unterbinden.

„Es ist ganz einfach: Woher weißt du, dass etwas gut ist und wie erkennst du es?"

„Weil es das Böse gibt."

„Richtig. Du warst böse. Bist du aber böse? Nein, weil du nicht bist! Darum bist du auch nicht gut. Ich gebe dir ein Beispiel: Nimm zehn Menschen. Sag fünf von ihnen, dass sie gut sind. Ernenne sie dazu. Gib ihnen durch Gesetze Herrschaft über die anderen Fünf. Drücke ihre Rolle aus, indem du ihnen Reichtümer, Kleider und Geld gibst. Aber nur diesen fünf. Die anderen müssen den ersten Fünf gehorchen. Du gibst ihnen keine Wohnung, kein Geld, gar nichts. Was meinst du, wie sie reagieren? Was wird in ihnen vorgehen, wenn sie draußen schlafen, vergeblich nach Essen suchen und den Reichtum der anderen sehen? Glaubst du, sie werden glücklich sein? Nein, sie werden unglücklich, neidisch und verzweifelt sein. Die ersten Fünf werden das spüren. Sie werden sich schützen und in Arroganz und Angst fliehen. Die anderen Fünf werden darauf mit Wut und Zorn reagieren. Doch was waren sie alle zehn am Anfang? Nur zehn Menschen, die leben wollten. Das ist die Konsequenz von Deutungen. So entsteht Leiden durch Deutungen. So erzeugen wir 'Gut' und 'Böse'. Nimm das Beispiel Krieg: Man deutet die Anderen und macht sie zu feindlichen Objekten. Man sieht keine Menschen mehr in ihnen, sondern nur noch Feinde Man entmenschlicht sie damit. Menschen töten keine Menschen sondern nur Objekte. Erst wenn wir uns daraus lösen, erwachen wir. Dann können wir das Leben und uns erkennen. Deutungen sind ein falscher Versuch, das Wachstum des Lebens in uns zu bändigen."

So hatte Heiko das noch nie gesehen. Er schwieg einen Moment und wollte darüber nachdenken. Plötzlich bemerkte er die kühle Wüstenluft. Wie sehr sie ihn belebte! Lange war es her, dass er Luft so bewusst und klar wahrgenommen hatte. Seine Traurigkeit schwand. Er sah die Schatten auf den Gesichtern tanzen und zog die Kamelhaardecke um sich.

„Wie meinst du das mit den Deutungen genau?", wollte er nun wissen.

„Unser Wille mit seinen Deutungen ist wie eine große Stadt. Wenn die Erde wächst, die Erdplatten vibrieren, bebt die Erde. Häuser, die nicht elastisch gebaut sind, sondern starr, stürzen ein. Diese Häuser sind krank. Ein Symptom ihrer Krankheit ist Starrheit. Sie können sich nicht bewegen, können mit den Vibrationen der Lebenskrise nicht mitgehen. Sie stürzen zusammen, wenn die Erde bebt. Auch Menschen sterben. Doch ist die Erde böse? Heiko, ist eine Krise im Menschen böse? Nein. Die Erde wächst nur, weil das Leben, das Universum und die Schöpfung durch sie hindurch wachsen. Was wäre, wenn die Erdplatten sich nicht verschöben und die Energie in ihnen nicht entwiche? Die Erde würde anfangen zu glühen und zerplatzen. Alles auf der Oberfläche würde zerstört. Durch das Erdbeben wird nur eine Stadt zerstört. Neue, bessere, biegsamere Häuser können entstehen.

Auch die Menschen könnten sich solidarisch entwickeln. Ich betone, sie könnten. Ist die Erde böse? Nein. Die Erde lebt, so wie das Universum und das Leben dauernd wachsen und sich entwickeln."

Sie schwiegen. In der Stille der Nacht reinigte der Wüstenwind ihre Seelen. Heiko begann, in der Leere des Raums einzutauchen. Alle Wesen entwickelten sich in ihm. In ihm schwebten unzählige Erfahrungen und Seelen wie Wassertropfen in einem geistigen Meer.

Eine Energie floss durch ihn, wärmte ihn sanft.

Wie unwichtig plötzlich alles war, was er jahrelang für wichtig gehalten hatte! Er verstand sich selbst nicht mehr. All die Jahre über von Bedeutungswahn getrieben, hatte er sich durch ihn alles zerstört. Langsam begann er zu erkennen.

Der Alte setzte das Glas ab.

„Das Leben ist anarchisch, strebt danach, alle Ordnungen, die es erschuf, wieder zu zerstören. Es kann nur wachsen, sich selbst in seinen Formen immer wieder neu erschaffen. Das Leben wächst durch uns hindurch, in uns und um uns, um uns in sich zu entwickeln. Es nährt, zerstört uns, um neue Formen in der Vielfalt zu gebären. Die Henne legt ein Ei, und aus dem Ei wächst ein Küken. Wir sehen sie als drei verschiedene Dinge. Doch das ist ein Irrtum. In Wirklichkeit ist es dasselbe, die gleiche Substanz. Das Leben hat nur zwei Schritte getan. Mit dem rechten Fuß schreitet es von der Henne zum Ei, und mit dem linken wird aus dem Ei das Küken. Es ist die Metamorphose der Henne. Das Leben wächst von einer Form zur nächsten. Darum muss es die alten Formen immer wieder vernichten, um in die in neuen hineinzuwachsen. Was für uns ein Leben ist, ist für das Leben selbst nur ein Augenblick. Jede Form und jeder Körper bestehen aus Erfahrungen. Planeten, Berge, Meere, Wiesen, Pflanzen, Tiere und Menschen – sind in ihrer Substanz Erfahrungen. Sie entwickeln sich in den Seelen aus dem Raum heraus in Form und Substanz hinein. Doch die Erfahrungen sind nicht frei. Sie sind an einen Körper gebunden. Nur durch ihn können, sie sich ausdrücken und wirken. Darum drängen sie wieder aus dem Körper heraus. Sie wollen wieder frei sein, um ins Urmeer der Erfahrungen zurückzukehren. Darum drängen sie aus dem Körper, und darum strebt alles der Unordnung zu."

„Du spielst auf die Thermodynamik an?", unterbrach ihn Frank.

„Ich beschreibe den Geist und seine Erfahrungen. Die Gesetze der Thermodynamik sind nur Phänomene darin."

Verschmitzt lächelte der Alte. Der Tee wärmte sein Inneres. Ist die Wüste nicht reich in ihrer Leere, ist Gott nicht erhaben, dachte er.

„Frank, leben wir oder leben nicht? Es gibt alte weise Männer die sagen, dass wir nie gestorben sind und nie gelebt haben. Ich denke, das ist richtig."

„Du meinst, dass wir nie gelebt haben?", fragte Frank erstaunt.

„Ja, dass wir nie gelebt haben, darum auch nie gestorben sind."

„Was soll denn das jetzt?", mischte Heiko sich ein. „Wir atmen, reden miteinander, und du sagst uns, dass wir nicht leben?"

Der Beduine lächelte listig.

„Ja, das sage ich. Ich versuche es zu erklären. Leben hat mit Ursache und Wirkung zu tun. Nur weil du lebst, kannst du auch sterben. Ist es so?"

„Ja, das denke ich", gab Heiko zu.

„Also, wenn wir zuerst leben müssen, damit wir überhaupt sterben können, haben wir ein Zeitproblem. Denn das Leben kommt ja vor dem Sterben, sonst können wir nicht sterben, wenn wir nicht vorher gelebt haben. Richtig?"

„Soweit ja …". Die beiden Freunde schauten den Beduinen neugierig an.

Was würde jetzt kommen?

„Gut, wir sprachen über den Raum, aus dem alles erwuchs. Er stellt sich uns als leer und nichts dar. Doch ist er wirklich so, nur weil wir ihn so sehen? Die Grundlage für Leere und Nichts ist der Raum. Sind aber Zeit und Raum Wirklichkeit?"

Sie begannen zu lachen.

„Das hast du uns ja gerade mit dem Leben und dem Tod bewiesen!"

Der Beduine blickte ernst und schwieg einen Moment. Plötzlich war ihnen ihr Lachen nicht mehr geheuer.

Denn jetzt griff er das Leben selber an. Wieso tat er das? Heiko war verwirrt.

Der Beduine griff in sein Gewand und holte ein Notizbuch hervor.

Sie schauten sich lächelnd an. Auch Mohamed war also nicht allwissend, dachte Frank mit einem Anflug von Sarkasmus.

„Schreibt ihr nie Dinge auf?", fuhr Mohamed auf.

Einen Moment lang herrschte Stille, dann lachte der Alte.

Die Gesichter seiner Zuhörer waren ernst geworden. Einen Moment später lachten sie mit ihm über sich selbst.

„Also, hört zu! Die Frage ist, ob Raum und Zeit ein Irrtum sind. Darum lese ich euch meinen folgenden Gedanken vor:

Irren wir uns in Raum und Zeit?

Der Raum entsteht durch Teile, die sich in ihm beschreiben lassen und in ihrem Inneren selbst aus Raum bestehen. Dadurch kriegen Räume auch Bedeutungen. Entstehen sie etwa durch unsere Deutungen und Zuschreibungen?

So zeigen sich Räume durch ihre Grenzen, die ihr Inneres vom Außen trennen. Innere und äußere Hüllen, Grenzen, Körper und Räume, sind alle durchlässig. Alle inneren Räume sind in einem gemeinsamen äußeren, sie umgebenden Raum miteinander verbunden. Gemeinsam sind sie ein Raum, in dem sie sich öffnen und schließen können. So brauchen die Körper Elemente und die Länder auch Menschen, Güter, Geld und Informationen, die durch ihre Grenzen hindurch ausgetauscht werden. Das zeigt sich ebenfalls in den geistigen Hüllen der Bilder, Vorstellungen, Gedanken und Phantasien, die in uns gemeinsame Erfahrungen austauschen. So müsste der größte Raum, der alle anderen Räume durchdringt und sie in sich verbindet, die Ewigkeit des Einheitsgeistes sein. In dieser raum- und zeitlosen Ewigkeit gäbe es kein Äußeres, Umgebendes mehr.

So entsteht die Zeit aus den messbaren Bewegungen der Körper, Teile und Punkte. Darum gäbe es auch keine Zeit, weil die Zeit nie unabhängig ist, sondern von den Bewegungen und den Orten der Teilchen abhängig ist. Ohne diese Teile, Grenzen und unsere Assoziationen gäbe es aber auch keine Bedeutungen von Raum und Zeit. Wenn die inneren und äußeren Zeiten – Vergangenheit, Zukunft und Gegenwart, sich aber gegenseitig erschaffen und sie sich wechselwirkend ständig verändern, was wären sie? Aus was heraus würden sie sich erschaffen und entstehen? Wenn Raum und Zeit aber nicht existierten, wären wohl alle Ewigkeit – Geist Bewusstsein und Licht, aus deren Erfahrungen alles erschaffen wurde.

Wenn aber Raum und Zeit keine Wirklichkeiten wären, was wären sie dann? Sie wären Bewusstseinsphänomene, Phänomene unserer Vorstellungen, Gedanken, Deutungen und Zuschreibungen. Das würde aber auch heißen, dass wir keine Teile und Räume beschreiben, sondern nur Vorstellungen von ihnen. Wenn das stimmen würde, wären wir auch gezwungen unsere Vorstellungen und Modelle dauernd zu überprüfen und zu hinterfragen, um unsere Realitäten an unsere Wirklichkeit anzupassen. Wenn wir aber nur sehen, was wir im Inneren erkennen und benennen können, dann können wir nur benennen, was uns kurz zuvor bewusst wurde. In diesem Falle beständen unsere Ideen und Vorstellungen aus Bewusstsein, mit dem wir das Gegenwärtige wahrnehmen, es mit Erinnerungen deuten und zuordnen, um es danach zu beschreiben. Unsere Gegenwart wird aber ständig von unseren Erinnerungen und künftigen Möglichkeiten überdeckt. Obwohl wir uns mit unserem Körper an Mitmenschen und unserem Umfeld orientieren – dies als Gegenwart bezeichnen, sind unsere Gedanken ständig mit Vergangenem und Zukünftigen beschäftigt. Das alles können wir aber nur mit Hilfe unseres Bewusstseins wahrnehmen. Das würde aber heißen, dass Räume, Zeiten und Körper, Vorstellungen und Gedanken, verdichtete, verwandelte und sich ständig auch verändernde Phänomene des Einheitsbewusstseins sind. Das sie Phänomene seiner Vielfalt wären, die sich in uns individualisieren. Dadurch wäre unser Bewusstsein auch ein Teil des göttlichen Einheitsbewusstseins, indem wir uns selbst wahrnehmen und kommunizieren. Das Einheitsbewusstsein mit seiner Ewigkeit, wäre – in unserem Geist, unsere tatsächliche Gegenwart – unser Dasein, indem wir uns in unserem Sein erleben würden. Was wäre aber die Gegenwart? Die Gegenwart, könnten wir nur durch unseren inneren Geist im Einheitsgeist wahrnehmen, indem wir uns leer machen und die Gedanken und Gefühle abstellen. Nur in diesem Zustand der Leere, können wir uns alle in unseren Körpern als Gegenwart wahrnehmen, obwohl Festhalten von Erlebtem, bereits wieder Vergangenes ist. Doch nein, es geht nicht. Unsere Modelle des Gegenwärtigen können wir nur durch unsere Körper und technischen Mittel bestimmen, da alles im Innen und Außen fließt, sich überlappt, vermischt und sich auch ständig verändert. Nur wenn wir uns entspannen, in unser Herz gehen und unsere Gedanken zur Ruhe kommen lassen, können wir der Präsenz und der Gegenwart unseres Geistes näherkommen. Gerade in solchen Momenten, wenn wir uns selbst loslassen und in uns sind, haben wir entscheidende Inspirationen, Erkenntnisse und Lösungen für Probleme und Fragen erhalten, die spontan in unserem Inneren aufstiegen.

Wenn es Raum und Zeit aber nicht gäbe, würden Ursachen und Wirkungen nicht mehr existieren, weil sie von Raum, Zeit, Körpern und unseren Deutungen abhängig wären. Ohne Teile, würden wir aber alle nicht existieren. Wir wären wieder ursprüngliche, formlose Erfahrungen im göttlichen Bewusstsein. Sind wir vielleicht Erfahrungen, die dem göttlichen Bewusstsein dazu dienen, dass es sich in uns selbst bewusst wird? Dafür bräuchte es aber Seelen, mit ihren Gedanken, Gefühlen und geistigen Körpern, durch die hindurch es sich in uns ausdrücken und wirken könnte. Dadurch könnte das Einheitsbewusstsein – mit seinem Geist und Licht, auch in Allem wirken, sich in Allem erfahren, umso Selbstbewusstsein zu erlangen. Wie aber wäre dies möglich? Ewigkeit – als das Stabile, Ruhende, und die Vielfalt – als Bewegendes, sich Aufteilendes und sich Verkörperndes, sie sind gleichzeitig und gleichwertig im Einheitsgeist Gottes enthalten. Es war ja die Einheit selbst, die sich als Vielfalt durch ihre Schöpfung ausdrücken wollte. So ist es seine Vielfaltskraft, die sich in seinem sich in allem selbst erschaffenden Einheitsgeist, durch unsere Potentiale, Möglichkeiten und Erfahrungen selbst ausdrücken will. Wie komme ich darauf? Die Möglichkeiten und Erfahrungen brauchen Träger: Seelen, Körper, Geschöpfe, Bilder und Vorstellungen. Ohne diese Träger können wir sie in unseren Gedanken und Ideen nicht wahrnehmen. Ohne unsere Gedanken könnten wir unsere in uns auftauchenden Inspirationen, die wir von unserer Seele, dem Evolutions- und Einheitsgeist bekommen, aber nicht umsetzen. Sie müssen formlos sein, dass im Geist alle auf sie zurückgreifen könnten, um mit ihnen Vielfalt zu erschaffen. Dadurch wären die Erfahrungen wie Wellen, die formlos aufeinander reagieren würden, um sich zu verdichten. So würden die Wellen plötzlich im Urmeer sichtbar geworden, sich bewegen und dadurch neue Wellen erschaffen. Irgendwann würden sie aber kleiner werden und im Urmeer verschwinden, das mit seinen formlosen Wellenerfahrungen und uns Seelen – vor unserer Geburt und nach unserem Tod, ewig existiert. Darum wären es die göttlichen Erfahrungen, die sich als Wellen im Geist des Urmeeres selbst erschaffen hätten, sich in ihnen erfahren, um sich selbst zu erkennen und weitere Wellen zu erschaffen – Vielfalt.

Wären wir in Wirklichkeit Geist, Bewusstsein, Licht und Erfahrungen im ewigen Sein?

Der Beduine steckte das Notizbuch wieder ein. Alle schwiegen. Frank und Heiko fühlten sich erschlagen. Stille herrschte. Die Sterne lachten. Flammen des Feuers tanzten und streckten sich rhythmisch dem Himmel entgegen.

„Aber das würde ja heißen, dass das Leben vor dem Urknall begann? Willst du das damit ausdrücken?", wollte Frank schließlich wissen.

„Ja, das wollte ich ausdrücken", erwiderte Mohamed lächelnd.

„Warte mal, ich muss überlegen …"

Irgendetwas konnte da nicht stimmen. Wo war der Denkfehler? Frank fühlte sich herausgefordert. So leicht wollte er es ihm nicht machen! Da kam ihm Planck in den Sinn. Ja, das war es!

„Was du sagst, kann nicht sein. Einstein hat Raum und Zeit als eigenständige Realitäten bewiesen. Planck hat es, glaube ich, sogar ausgerechnet. Er hat für Raum und Zeit Konstanten errechnet und ihre Existenz als mathematische Größen bewiesen."

„Ich kenne die Physik nicht. Doch lässt nicht die Frage selbst, durch die Art, wie er etwas beobachtet, Wirklichkeiten und Antworten entstehen? So, wie ich es für das Urmeer beschreibe?"

„Nach deiner Theorie ja. Doch Planck beschreibt etwas Wirkliches."

Der Beduine lächelte.

„Gut, dann eine weitere Frage: Raum und Zeit drücken etwas Begrenztes, ein Inneres und Äußeres aus. So hat jede Form und jeder Körper eine Grenze. Aber ist das tatsächlich so? Was ist aber das Wesen einer Grenze?"

„Darüber habe ich noch nie nachgedacht", gab Frank zu.

„Grenzen sind offen. Unsere Haut zum Beispiel, sie ist durchlässig. Wir schwitzen. Auch die Grenzen zwischen Ländern sind durchlässig. Über sie hinweg wird Handel getrieben, Waren werden getauscht und Menschen reisen hin und her. Räume zeigen sich durch ein Inneres und das sie umgebende Außen. Müsste es dann nicht einen Grössten, einen alle Räume Umschliessenden geben? Was wäre aber ausserhalb von ihm zu finden? Wäre das etwa die Ewigkeit, die sich in ihnen individualisierte? Räume müssen ebenso durchlässig sein wie unsere Haut. Sie können keine geschlossenen Systeme sein. Sie sind offen. Wovon aber werden sie gefüllt? Was fließt in sie hinein? Was lässt Raum, Zeit und Kosmos wachsen? Alles besteht ja aus Masse, Materie und Energie. Diese erzeugen Reibung, Wärme, Wachstum. Das hast du mir ja erklärt Frank, richtig? Womit werden Räume aber gefüllt? Was lässt sie wachsen?"

„Ich kann dir nach dem Vorgelesenen nichts antworten. Ich weiß es nicht", meinte Frank.

Er wusste nicht, wie er sich fühlen sollte. Er griff zur Kanne und goss sich Tee ein. Die alte, zerbeulte Blechkanne lächelte ihn an. Wie einfach hier alles war! Und wie alles Sinn machte. In Deutschland hätte man so eine Kanne weggeschmissen, dachte er. Hier diente sie dem Gespräch, dem Genuss, den Inspirationen und dem Leben.

Mohamed fuhr fort.

„Das Licht der Schöpfung hat sich in die Seelen aufgeteilt. Sie erschufen die Schöpfungsebenen im Urmeer. Ich denke, wir Menschen sind offene Systeme. Unser Universum ist ein offenes System. Es schwebt im Urmeer der Seelen in der Ewigkeit, das zugleich seine unsichtbare Substanz ist. Das Urmeer ist reines, lichtvolles, unbeschreibbares Bewusstsein. Es speichert in sich alle je gemachten Erfahrungen. Diese stellt es den Seelen zur Verfügung. Sie benutzen sie, erfahren sich in ihnen und individualisieren sie dadurch. Das Urmeer mit seinen Seelen existiert hier und jetzt unsichtbar zwischen uns Menschen. In seinem kollektiven Geist – durch verschiedene Räume hindurch, verbindet es die inneren geistigen Ebenen jeder Seele. Es ist Geist mit all seinen je gemachten und ewigen Erfahrungen der Schöpfung. Aus ihm, aus seiner Vielfalt, entstanden Energien, Räume und Zeiten. Ja, ich denke, alles ist offen. Wir sind offene Systeme und rufen mit unseren Gedanken ähnliche Erfahrungen aus den Tiefen des Urmeers empor. Wenn ich

'Rose' denke, erschaffe ich eine Vorstellung und ein Bild von ihr. Es spiegelt sich auf der Leinwand meines inneren Geistes und kann vom inneren Auge erkannt werden. Der Gedanke ruft Erinnerungen herauf, die gleichzeitig durch den kollektiven Geist im Außen (im kollektiven Urmeer) Bilder von Rosen herbeirufen. Sie tauchen aus seinen leuchtenden Tiefen auf. Diese Erfahrungen spiegeln sich auf der geistigen Leinwand meiner Seele als Rose. Zugleich erscheinen sie aber um die Seele herum, im äußeren Geist des Urmeeres, als Rosen. Damit individualisiert sich der sich selbst erschaffende Einheitsgeist im Inneren meiner Seele. Rosenbilder des kollektiven Geist steigen von außen im Inneren der Erinnerungen meiner Seele auf. Dieser Vorgang ist uns Menschen nicht bewusst. Die Bilder provozieren Gedanken und Gefühle. Wir erkennen nun durch unser ICH die Erinnerungen an Rosen und denken bewusst über sie nach. Sie provozieren Gefühle in unserem Körper und lassen Handlungen entstehen:

Ich gebe einer Frau, die mir gegenüber steht, eine Rose. Sie lächelt mich an.

Mit unseren Händen erschaffen wir aber auch Formen. Ich zeichne eine Rose. Jede individuelle Erfahrung von uns Menschen wird vom Geist kopiert und ins Urmeer vervielfältigt. So ist jede individuelle Erfahrung im Geist zugleich eine kollektive. Wieso habe ich das aber Beschrieben?"

„Sag es uns", Frank blickte ihn neugierig an.

„Das Entscheidende daran ist: Wir denken und fühlen nicht für uns selbst. Wir machen die Erfahrungen zwar für uns selbst, doch zugleich auch für die Menschheit und die Schöpfung. So sind es die wirkenden Erfahrungen, die alles erschaffen und erfüllen. Alles besteht aus Erfahrungen. Etwas existiert nur, weil es die Möglichkeit und Erfahrung dazu hat. Die Erfahrungen füllen unsere inneren und äußeren Räume der Schöpfung und des Universums."

„Was meinst du damit?", fragte Heiko.

„Gedanken, Gefühle haben Konsequenzen und erschaffen durch Bilder Wirklichkeiten. Darum denken und fühlen wir nie nur für uns selbst, sondern bewegen durch sie auch unsere Umgebung. Wir bewegen mit ihnen unsere Mitmenschen und das Leben, das in uns wirkt. Verstehst du?"

Sie schwiegen einen Moment, ließen die Worte, sich wie eine öffnende Blüte entfalten.

„Heiko, das Leben in uns ist anarchisch. Es lässt die Blume wachsen, bis sie wieder verwelkt. Ihre Form wird zerstört. Der Same darin wird frei, und aus ihm wachsen neue Früchte. Die Erfahrungen, die in der Form gebunden sind und uns mit ihrer Energie bewegen, drängen aus der Form, die später wieder zerfällt. So ist es auch mit unseren Gedanken, wenn wir sie aussprechen. Sie drängen aus unseren Vorstellungen und Ideen hinaus, weil sie sich ihnen zuvor unterworfen hatten. Erfahrungen sammeln sich in Bildern und Vorstellungen, mit denen sie die Seelen von innen bewegen. Die Seelen aber sind durch die Körper, durch die Festigkeit ihres Materials, in ihren Möglichkeiten der Bewegung und des Ausdrucks eingegrenzt. Sie haben ihre Fähigkeit der Formverwandlung aufgegeben. Aus dieser Gefangenschaft befreien sie sich, indem sie Körper und Formen wieder zerstören. Erfahrungen befreien sich ihrerseits wieder aus beweglichen und veränderlichen Bildern der Vorstellungen. Sie zerstören diese, um durch den Geist wieder ins Urmeer der Seelen zurückzukehren. So entfalten sich auch die Räume, drängen in ihre Ewigkeit zurück und pulsieren nun durch entgegenwirkende formerhaltende Kräfte. Von Formen und Vorstellungen befreit, können sie sich nun wieder mit anderen Erfahrungen austauschen. Dieser Austausch ermöglicht wieder neues Wachstum, Entwicklung und Lernen durch uns hindurch. So verstehe ich Evolution. So wiederholt, verwandelt und entwickelt sich alles in ewigen Kreisläufen durch geistige, materielle und physische Ebenen hindurch. Alles entsteht in ihnen, und alles löst sich in ihnen wieder auf, um sich wieder neu zu erschaffen."

„Was meinst du mit Seelen und Bildern, die frei im Raum schweben?", unterbrach Frank ihn. Er verstand nicht, wovon Mohamed sprach.

„Im Geist des Urmeeres schweben Seelen, verdeckt vom Raum, unsichtbar zwischen uns Menschen. In ihren Erinerungen transportieren sie Bilder, Energien und Erfahrungsprozesse. So sind auch die Toten eurer Familien, eure Ahnen, immer gegenwärtige, lebendige Seelen. Wir sind alle durch übergeordnete Familien- und Ahnenlichtschwingungen gemeinsam mit ihnen verbunden. Sie leben verdeckt vom Raum, unsichtbar als freie Seelen, um uns herum in den Schöpfungsebenen des Urmeers. Sie versuchen über euch zu wachen. Sie wollen euch helfen, euren Weg zu finden. Ahnen, Elementar- und Naturgeister sind etwas sehr Wertvolles. Sie halten alles im Gleichgewicht. Sie sind nicht abhängig von Zeit und Raum. Seelen sind ewig. Sie starben nie und haben nie gelebt. Doch in Europa glaubt ihr nicht mehr an die toten Seelen. Ihr lehnt ab, was ihr nicht seht. Damit lehnt ihr ab, was euch helfen und entwickeln will. Damit lehnt ihr aber ab, was uns im Gleichgewicht hält."

„Ja, das Gleiche erzählte mir ein Schamane in Nepal. Er sprach davon, wie wichtig es sei, die Ahnen zu ehren. Doch so wie du es erklärst, verstehe ich es besser."

„Durch unser Blut, durch den Ahnen- und Familiengeist, sind wir – durch Raum und Zeit hindurch, mit unseren Verstorbenen im Geist verbunden. Wir sind als Familienmitglied ein Teil von ihnen."

Frank überlegte. Noch bis zur Jahrhundertwende hatten die Menschen Ahnenbücher gepflegt. Auf dem Land hört man alte Leute zuweilen noch heute davon sprechen. Eigentlich haben wir etwas sehr Wichtiges verloren, dachte er. Sehnsucht erwachte in ihm. Sehnsucht nach all den Geheimnissen des Lebens, die man ihm vorenthielt. Früher war er davon getrieben worden, war auf alles neugierig gewesen. Die tägliche zermürbende Arbeit im Spital hatte ihn das vergessen lassen. Er fühlte Schmerz und Verlust.

„Die freien Seelen und Bilder sind weder an Materie, Energie noch an Zeit und Raum gebunden. Sie leiden mit den gefangenen Seelen. Sie leiden mit uns, die wir an die Materie und Körper gebunden sind. Wir sind gebunden, weil wir uns der Evolution untergeordnet haben. Wir werden von ihr mitbestimmt. Doch wir wollen zurück ins Urmeer. Alle Seelen wollen zurück in ihre Heimat, so wie die Räume sich entfalten wollen, um in ihre Ewigkeit zurückzukehren. Weil die Seelen jedoch an ihre Körper gebunden sind, treiben sie diese im Inneren durch Erfahrungsaustausch an. Erfahrungen wirken in den Bildern unserer inneren Vorstellungen. Sie erkennen sich gegenseitig als Bilder, machen sich Vorstellungen von sich, die sie dann gemeinsam im Menschen austauschen. Dadurch entsteht unsere innere Vielfalt. So reibt sich auch unser emotional physischer Körper mit unseren seelisch-geistigen in der Seele. Schwere, dichte Schwingungen und sehr leichte, weiche Schwingungen provozieren sich im Erfahrungsaustausch. Dadurch lassen sie Neue entstehen. Durch Reibung entsteht Wärme und Spannung. Diese erzeugen Bewegung und Wachstum. Durch den Austausch von Erfahrungen entwickeln sich die Vorstellungen in den Seelen. Durch den Geist werden individuelle Bilder kopiert und sofort in die Ebenen des Urmeeres vervielfältigt. Nach dem Prinzip – Ähnliches erkennt und verbindet sich mit Ähnlichem, steigen gleichzeitig neue Bilder aus den Tiefen des Urmeers zur Seele empor. Blumenbilder verbinden sich mit ähnlichen Bildseelen. So entstehen Familien-, Gruppen- und Artenseelen. Dadurch erkennen wir Menschen uns im anderen und bilden gemeinsam Gruppen. Diese neuen im Urmeer aufgestiegenen Bilder integrieren und individualisieren sich wieder im Geist unserer Seele. Ihre Erfahrungsprozesse werden wieder in den Bildern unserer Erinnerungen gespeichert. Sie bewegen und entwickeln uns. Vom Raum verdeckt leben die Seelen unerkannt zwischen uns Menschen im Urmeer. So wächst der Raum durch unsere Erfahrungen. Weil alles wächst, ist alles in Bewegung. Alles reiht sich ineinander, lebt und entwickelt sich. Weil alles im Wachsen ist, wächst es durch uns hindurch. Räume und Zeiten werden durch Erfahrungen gefüllt und genährt. Lasst mich einen frischen Tee für uns kochen. Ihr habt sicher Durst."

Er nahm den Plastikkanister und goss Wasser in eine leere Konservenbüchse. Dann griff er in den offenen

Leinensack, nahm Tee heraus, zerrieb ihn zwischen den Fingern und streute ihn in die Kanne. Er füllte den schwarzen, rußigen Behälter mit Wasser und stellte ihn in die Glut. Wasser schwappte ins Feuer und zischte. Dann war es wieder still.

„Was sind unsere Gedanken? Welche Rolle spielen sie im Kosmos?", fragte Heiko.

„Eine wichtige Frage. Kannst du dich erinnern, wo du aufgewachsen bist?"

„Ja, in einem Haus mit Garten."

„Wie sah der Garten aus?"

„Er war grün. Eine Schaukel gab es da. Sie stand neben einem Baum."

„Siehst du, Heiko: Das ist entscheidend. Du kannst mit deinen Gedanken in der Zeit zurückgehen. Du kannst vergangene Erinnerungen hier und jetzt wahrnehmen und fühlen. Darum sind sie Wirklichkeit. Sie sind Realität, so wie deine Träume. Diese Wirklichkeit ist außerhalb von Raum, Energie und Zeit. Sie ist zeitlos. Zeit existiert dort nicht. Weißt du, woran man das sieht?"

„Darauf bin ich jetzt gespannt."

„In deinen Erinnerungen kehrst du zurück an den Ort deiner Kindheit. Kannst du das mit deinem Körper tun Frank?"

Er war in Gedanken versunken und schreckte auf.

„Nein, das kann ich nicht", erwiderte er. „Wieso?"

„Frank, dein Körper ist an Zeit, Raum und Energie gebunden. Er besteht aus Materie. Darum stellt sich die Frage: Wo wir eigentlich leben? Leben wir in der Zeit, in der Materie oder außerhalb von Zeit, Raum und Energie? Was meinst du, Heiko?"

„Ich habe mir darüber noch nie Gedanken gemacht."

Früher hätte er über so etwas gelacht, sich über den verrückten Alten lustig gemacht. Jetzt öffnete sich ihm eine neue Welt. Die Gedanken berührten etwas in ihm. Plötzlich war es ihm gleichgültig, ob sie richtig waren oder nicht. Für ihn waren sie wichtig. Sie öffneten sein Herz und ließen ihn wieder seine kindliche Neugier finden. Er spürte Dankbarkeit. Jemand nahm sich Zeit für ihn. Er nahm ihn an die Hand und führte ihn in neue Welten.

„Ich denke, wir leben in einer Gleichzeitigkeit, in verschiedenen Ebenen zugleich. Wir leben in unserem Körper, in Raum und Zeit. Gleichzeitig leben wir aber als Seele im Urmeer außerhalb von Raum und Zeit. Wir sind eine Seele im Geist unseres physischen Körpers. Das Urmeer ist Geist, Bewusstsein, Erfahrung, und Möglichkeit in seiner reinsten Form. Es ist voller Frieden und Glück. Es wird vom Geist Gottes, von seinem Bewusstsein erhalten und durch sein Licht erleuchtet. Sein Licht ist das unserer Seele. Darum können wir Menschen im Inneren unsere Bilder und Träume erkennen. Das ist meine Idee."

„Ist Gott das Urmeer?"

„Ich weiß es nicht, Frank. Ich weiß nur, dass Gott nicht beschreibbar ist. Genauso, wie das Urmeer unbeschreibbar ist. Genügt dir die Antwort?"

„Ja". Frank blickte Mohamed an. Etwas hatte ihn ergriffen.

Die Finger des Beduinen griffen in sein Gewand und zogen Tabak hervor. Schnell zerrieb er ihn, streute ihn in das Papier, das seine Finger hielten. Eine kurze Bewegung und es wurde zu einer Zigarette.

Der Alte hatte ein wunderschönes Gesicht. Das Leben war sein Bildhauer. Es meißelte durch den Wüstenwind, durch die Sonne eine tiefe Landschaft in sein Gesicht: braune, ledrige Faltentäler aus Trauer, Freude und Zufriedenheit drückten sein Wesen aus.

„Frank, erzähl Heiko, wie der Körper sich selbst aufbaut!"

Der Alte streute Zucker in die Kanne und rührte den Tee mit einem Zweig um. Er hatte ihn von einem trockenen Strauch gerissen.

„Ich versuche, es mit Mohameds Worten auszudrücken. Das Leben wächst durch uns hindurch. Es regeneriert jede Nacht unsere Zellen und baut uns siebenmal im Leben komplett um. Siebenmal erneuert es alle Zellen in uns! Die Alten werden zerstört und aus unserem Körper gespült. Heiko, darum bist du nicht der, der du zu sein glaubst. Der, der du einmal warst, ist heute nicht mehr. Wir spüren es nicht, doch es geschieht in uns."

„Danke, Frank. Hier, nimm deinen Tee." Er reichte ihm sein Glas. Es war heiß. Schnell stellte Frank es in den Sand.

Der Beduine blickt ihn an, lächelt und fuhr fort:

„Alles in uns und um uns herum ist in Bewegung, in Veränderung und deshalb vergänglich. Wir selbst sind vergänglich. Alles ist abhängig und verändet sich ständig. Das macht uns Angst, denn wir können uns nur als feste Form erfassen. Eine feste Form ist aber statisch und starr. Das Leben dagegen wächst dauernd durch uns hindurch. Es erzeugt Spannungen, Energien und verändert uns durch wirkende Erfahrungsprozesse. Das Leben wächst in uns, darum schwitzen, pinkeln wir und unser Körper ist warm. Da sich das Wachstum aber auch in unseren ständigen Gedanken und Fantasien zeigt, sind wir wie ein Springbrunnen: Von Inspirationen bewegt, sprudeln wir. Verstehst du?"

Fragend blickte der Alte Heiko an. Er versuchte ihm zu folgen.

„Entschuldige, das mit dem Springbrunnen verstehe ich nicht ganz…"

„Nun, stell dir einfach Folgendes vor: Wasser ist Geist, das wachsende Leben in uns. Es fließt durch uns hindurch. Das macht uns Angst, weil es alle Ordnung, alles Feste, alle Überzeugungen und Konzepte durch neue Erfahrungen ständig in Frage stellt. In seinem Fluss verändert es dauernd. Es stellt die Scheinsicherheit unserer Gewohnheiten in Frage, stellt uns selbst, unsere Selbstbilder in Frage. Es lässt ständig neue Inspirationen aufsteigen. Doch wir wehren uns gegen diese uns auflösenden, uns entwickelnden, uns stetig verändernden Energien. Wir suchen Ordnung und Ruhe. Damit versuchen wir, die uns verändernden Energien zu kanalisieren. Ordnung aber ist fest und statisch. Unser Ordnungssinn kämpft gegen das anarchische Wachstum des Lebens, das durch uns hindurchwächst. Darum sehnen wir uns nach Ruhe. Doch was wäre die Konsequenz unseres Wunsches?"

„Sag es uns".

„Stillstand, Abkühlung, Vereisung, Erstarrung alles Lebendigen. Dies würde geschehen, wenn es keine Bewegungen, keinen Austausch mehr geben würde. Darum sind die Grenzen durchläßig und alle Räume gemeinsam verbunden. Da siehst du den Irrtum, Heiko."

Verdutzt blickte er in die Augen des Alten und versank einen Moment. Er seufzte, griff zum Glas und nahm einen Schluck duftenden Pfefferminztee.

Der Himmel war klar. Millionen Sterne leuchteten über ihm. Seine Sinne erwachten.

Plötzlich wurde ihm bewusst, wie sehr er sich in sich zurückgezogen hatte, sich dem Außen, dem Leben, verschlossen hatte. Seine Gedanken waren sein Haus. Er blickte durch dessen Fenster. Doch das Haus hatte keine Türen mehr, durch die er an die frische Luft treten konnte. Jetzt aber war da eine rohe, in die Mauer geschlagene Öffnung. Er trat hindurch und war wieder frei. Das Haus stand nun hinter ihm.

Vorsichtig trank er den heißen, süßen Tee.

„Schau uns Menschen an: Unsere Knochen und die Steine sind das Gleiche. Knochen und Steine bestehen aus Kalzium, Phosphaten und Silizium. Unser Wasser ist das Wasser der Meere. Wir schwammen einst im Bauch unserer Mutter wie die Fische im Meer. Wir krochen, wie die Tiere am Boden. Verstehst du? So besteht alles aus allem, ist gleichwertig und dienend. Alles lebt in allem durch alles hindurch. Unsere Knochen wachsen nicht mehr; dafür fließt das Wasser des Geistes in unseren Gedanken, Gefühlen durch uns hindurch. Es bewegt uns durch wirkende Erfahrungsprozesse, so auch die Menschen um uns herum. Das Leben fließt, so wie das Wasser durch einen Springbrunnen strömt. Unser Körper ist der Springbrunnen, unsere Gedanken sind das Wasser des Lebens. So fließen alle Erfahrungen wie Flüsse zurück ins Urmeer der Seelen. Es entwickelt und nährt uns mit seinen Erfahrungen. Wir nähren es mit unseren Erfahrungen."

Mohamed schwieg, damit seine Worte wie ein aus dem Samen drängender Spross wachsen konnten.

„Das Leben ist neutral. Es ist Erfahrung jenseits von gut und böse. 'Gut' und 'böse' sind nur menschliche Deutungen unserer Erlebnisse. In unseren Träumen blicken wir direkt in die Welten des Urmeers. Wir erfahren uns selbst in ihnen. Unsere Seele schwimmt mit anderen darin."

Plötzlich sah Heiko das Meer. Er spürte den Wind, wie er durch seine Haare strich. Ja, er würde ans Meer fahren. Er fühlte frische Kraft. Er sah das unendliche Grau und Blau, in dem sich der Himmel spiegelte. Er sah, wie der Wind die Wellen zum Tanz lud und sie sich mit Gischt schmückten. Er hörte das Rauschen und Tosen der Brandung.

Er griff nach dem Glas, zog aber die Finger schnell wieder weg: Es war noch zu heiß. Der Schmerz holte ihn zurück in die Gegenwart. Er blickte seinen Freund an.

„Du sagtest, Deutungen und Bedeutungen wie 'Gut' und 'Böse' sind Irrtümer. Dann wäre aber unser Dasein sinnlos, denn es baut auf Bedeutungen auf. Sie erst geben unserem Leben den Sinn."

Frank blickte den Beduinen erwartungsvoll an.

„Du hast verstanden. Ich kann dir nichts mehr beibringen. Du hast erkannt, dass unser Dasein sinnlos ist. Es ist sinnlos, weil es nicht um Deutungen, sondern nur um neutrale Erfahrungen geht. Sie sind die Nahrung der Schöpfung. Du hast recht Frank, Sinn wird aus Deutung konstruiert. Wir sind aber nur vergängliche Vorstellungen. Was wir zu sein glauben, sind meist zu vereinfachte Vorstellungen, die wir uns von uns selbst machen. Oft übernahmen wir sie einfach von anderen. Wir verwechseln uns ständig mit ihnen. Doch sie sind nur Teile von unserem Ganzen dahinter. Wir erschaffen uns mit ihnen einen Sinn, der unsere Handlungen legitimiert. Erfahrungen aber – nicht Vorstellungen, sind die Substanz aller Informationen. Informationen bewegen uns aber durch die geistige Evolution mit ihren Konzepten. Gemeinsam wirken sie im Bewusstsein der Geschöpfe und erzeugen Bilder in uns. Sie wirken in der materiellen Evolution, die durch die Natur Formen und Körper erschafft. Unsere Handlungen wirken auf sie ein. Unsere physisch-sinnlichen Erfahrungen wirken wieder zurück auf die geistigen Konzepte der Evolution. Sie passen sie an unsere physische Realität an. Frank, kannst du Heiko von Darwin erzählen?"

Frank überlegt einen Augenblick.

„Darwin hat auf den Galapagosinseln etwas erkannt, als er europäische Vögel mit gebogenen Schnäbeln fand. Er fragte sich, wieso ihr Schnabel gebogen ist, denn in Europa hat diese Vogelart spitze Schnäbel. Mit ihnen picken sie Käfer aus den Rinden. Darwin begriff schließlich, dass es auf den Galapagosinseln keine Bäume gab. Doch es gab Würmer und Insekten in der Erde. Der Druck der Evolution in der veränderten Umwelt, die Anpassung an die neue Nahrung führte zur Veränderung der Schnabelform. Der gerade Schnabel wurde krumm und verlor seine Spitzigkeit. Das machte es den Vögeln leichter, Insekten aus der Erde zu picken. Wenn wir über Kiesel laufen, bekommen wir Hornhaut an den Füßen. Entscheidend sind die formlosen Erfahrungen, die in und auf die Materie wirken und so die Körper verändern. Die Erfahrung ist also der Bildhauer aller Formen und Körper."

„So ist es," bestätigte ihn der Beduine.

Er drehte sich eine neue Zigarette, während Heiko ins Feuer starrte.

Er war diesen Gedanken ausgeliefert. Er hörte sie, und doch wollte er sie nicht hören. Es ging ihm jedoch besser. Also musste etwas dran sein. Etwas bewegte sich in ihm. Doch er brauchte Zeit. Plötzlich wollte er sich Zeit lassen. Er wollte sich Zeit für sein Leben lassen.

Frank sah den Freund an. Sein Gesicht drückte Wachheit aus. Seine Augen waren weich und offen. So hatte er ihn nie zuvor gesehen. Er staunte.

Mohamed spürte, dass Heikos´ Gedanken abglitten.

„Heiko, schau mich an! Das Leben liegt in der Beziehung zwischen den Formen, in seinen Interaktionen und Beziehungen. Alles erschafft sich darin im gegenseitigen Erfahrungsaustausch und wird zugleich erschaffen. Darum ist der Raum so wichtig. Durch ihn können wir das Eine vom Anderen unterscheiden und es erkennen. Er gibt allem seinen individuellen Bewegungs- und Entwicklungsraum. Darum dürfen wir uns auf ihn konzentrieren, um das Wesen in unserem Inneren und in den Lebewesen zu erkennen. Unser Wesen, unsere Seelen, sie sind aber nicht beschreibbar. Wir können sie nur empfinden. Doch sie sind unsere Wirklichkeit, unser tiefestes Potential. Darum gibt es keinen Sinn, denn der Sinn ist eine Deutung unserer beschreibbaren Vorstellungen. Das Leben aber vollzieht sich in Beziehungen und Interaktionen. Es erschafft seine Formen durch sie. Alles ist ein Spiegel von allem, entwickelt sich in der Wirkung des Spiegelbildes. Es spielt sich im leeren Raum und im Dazwischen ab. Das Leben – im Austausch seiner neutralen Erfahrungen, erschafft sich zwischen den Deutungen, in der liebenden Sinnlosigkeit. Sie provozieren aber ständig unsere Deutungen des Sinns. So läuft es meist anders, nicht so, wie wir uns das wünschen. Das ärgert, verwirrt und ängstigt uns. Darum verfallen wir in einen Bedeutungswahn, suchen für alles Erklärungsmodelle. Wir wollen uns unsere Ängste und Unsicherheiten erklären. Dadurch erschaffen wir uns auch Feinde, indem wir Menschen die Bedeutung von Feinden geben. Das mündet in Krieg und Zerstörung. Darin sieht man unseren Irrtum, unseren Größenwahn. Käme es zu einem Atomkrieg, wäre alles auf der Erde verstrahlt und vernichtet. Das aber würde die Erde nicht stören. Sie würde sich weiter um sich selbst drehen, in stoischer Gleichgültigkeit, Gelassenheit und Selbstgenügsamkeit. Es ist nicht ihr Problem, sondern unser eigenes, selbst gemachtes. Die Erde würde sich wieder neu erschaffen, vielleicht besser. Wir sind unwichtig für die Schöpfung. Was sind 100.000 Jahre Menschheit in vierzehn Milliarden Jahren Geschichte des Universums? Was ist ein Menschenleben in vier Milliarden Jahren der Erde? Was bilden wir uns eigentlich ein, wer wir sind? Fliegen wir mit dem Flugzeug, dann erkennen wir schon in dreihundert Metern Höhe keinen Menschen mehr auf der Straße. Doch wir halten uns noch immer für die Vertreter Gottes. Was für ein verblendeter Größenwahn! Wir sollen uns keine Bilder von Gott machen und auch nicht von uns selbst. Wir dürfen uns leer machen, um zu empfangen. Wir dürfen uns selbst von zu reduzierten Vorstellungen, von Vorurteilen befreien, um Menschen wieder bedingungslos zu begegnen, sie wieder wertfrei anzunehmen. Wir dürfen das Leben durch gemeinsame Erfahrungen empfangen. Wir dürfen dankbar sein. Auch Gott ist nur ein Wort, eine Deutung – und darum vielleicht ein Irrtum. Gott lebt hinter dem Wort. Man kann die Ewigkeit nicht in ein Wort packen. Größenwahn und Angst sind die Ursache für unsere Leiden und unsere Zerstörungswut. Christus und der Prophet Mohamed (Friede sei mit ihnen!) sind Spiegel unseres Leidens, unserer Erlösungswünsche. Wir machten sie zu diesen leidvollen Spiegeln, die sie nie waren und die wir anbeten. Erkennen wir sie – Christus, Krishna, Prophet Mohamed…, oder erkennen wir nur unsere eigenen leidenden Vorstellungen in ihnen? Unterliegen wir nicht auch hier einem Irrtum unseres Geistes? Sind wir nicht gefangen in unseren Vorstellungen, die wir Realität nennen? Können wir die Wirklichkeit, aus unserer Realität heraus, vielleicht gar nicht erkennen?"

„Glaubst du wirklich, dass das so ist?"

„Ja, Frank. Wir werden immer wieder desillusioniert. Wieso geschieht das? Was zeigt sich darin? Es sind unsere Vorstellungen, die verrücken. Wir begreifen sie als Irrtümer. Wir erkennen, dass unsere Realität des Wunsches falsch war und die tatsächliche Wirklichkeit immer wieder eine andere ist. Wir sind von den Spiegelbildern unserer Vorstellungen und Deutungen geblendet. Wir merken es jedoch nicht. Verstehst du jetzt?"

„Ja, so gesehen, hast du recht."

„Unser Dasein in der Schöpfung ist nicht so wichtig. Wir sind nicht ihr Zentrum. Erst wenn wir das erkennen und bescheiden werden, können wir uns wieder dem Leben öffnen. Wir dürfen erkennen, dass wir es selbst sind, die gegen das Leben kämpfen. Wir kämpfen gegen die Natur, weil wir schutzlose Wesen ohne Feld sind. Keinen Winter würden wir nackt überleben! Darum sehen wir in der Natur eine Bedrohung und schützen uns vor ihr. Wir dürfen zuerst unsere Abhängigkeit vom Leben wieder erkennen. Das Leben wurde uns gegeben. Es lebt uns, durch jeden Schlag unseres Herzens. Wir dürfen unsere Wut, unsere Angst vor dieser Abhängigkeit erkennen. Das ist die Voraussetzung für Demut: Vor dem freien Willlen und der Freiheitsidee zu kapitulieren, sie als Illusion zu erkennen. Die Illusion des freien Willens, der ständige Ruf nach Freiheit – wo wir doch vieles schon haben, das ist ein Teil unsere Zerstörungskraft. Wir wollen uns über das Leben, über die Schöpfung und die Natur, über das was uns gegeben ist, hinwegsetzen. Dem Ganzen sind wir uns aber nicht bewusst. Darum sind wir nicht schuldig. Erst wenn wir unsere Abhängigkeit vom Leben, unsere Abhängigkeit von der Natur und unseren Mitmenschen akzeptieren, beginnt unsere Freiheit. So machen wir uns auch oft von eigenen oder äußeren zu schwärmerischen Vorstellungen abhängig. Wir erwachen dann mürrisch, frustriert wieder in der Wirklichkeit und ärgern uns über unsere eigene Begrenztheit. Diese wollen wir aber nicht sehen. So schimpfen wir dann über den Staat, die Gesellschaft über Religionen oder den bösen Nachbarn. Wir dürfen uns dem bewusst werden. So dürfen wir uns als Seelen wieder erkennen, um dadurch innere Freiheit zu erlangen."

Der Alte atmete heftig. Seine Augen funkelten. Er saß wie zuvor im Sand, doch sein Körper war gespannt wie der Leib eines geschmeidigen Tigers vor dem Angriff. Er blickte schweigend ins Feuer, das ihn schließlich zu beruhigen schien. Sein Atem wurde wieder langsamer. Er trank einen Schluck Tee. Etwas schmeckte ihm nicht. Er spuckte ein Blatt ins Feuer, verharrte einen Augenblick. Dann hob er wieder den Kopf.

„Erst wenn wir das erkennen, können wir niederknien, die Mutter Erde küssen und das Leben um Vergebung bitten. Wir dürfen uns selbst vergeben. Wir sind nicht schuldig. Orientierungslos blind, geblendet von zu reduzierten Ideen, Konzepten und Vorstellungen irren wir umher. Wir deuten sie und erschaffen dadurch immer wieder neue. So erschaffen wir immer neue innere Räume, in denen wir weiter umherirren. Doch wir merken es selbst nicht. Es ist uns nicht bewusst. Darum sind wir nicht schuldig. Im Alltag sind wir zu sehr mit unseren Vorstellungen und Gedanken beschäftigt. Darum blenden wir alles andere aus unserer Wahrnehmung aus. Wir sehen nur noch unsere Vorstellungen und Deutungen der Menschen. Sie sind unsere Brillen. Dadurch schätzen wir die Menschen oft falsch ein oder tun ihnen unrecht. Wir bräuchten aber Zeit und Offenheit für sie. So dürfen wir unser Gegenüber von unseren Vorstellungen befreien, uns leer machen. Wir dürfen ihm offen begegnen, ihn bedingunslos empfinden und fühlen. Doch wir geben uns diese Zeit und diesen Raum nicht. Wir sind zu beschäftigt. Wir verwechseln die Menschen und uns selbst mit oft zu negativen eigenen Vorstellungen und degradieren uns so gegenseitig. Deshalb erkennen wir unsere Vielfalt in der eigenen Seele nicht mehr."

Heiko erkannte sich im Spiegel dieser Worte. Ja, Stress und dauerndes zwanghaftes Tun waren zu seinem Lebensgefühl geworden. Ruhe, Besinnlichkeit, Nachdenken hatte er sich nie erlaubt. Solche Gefühle hatten nicht seinem Bild von einem erfolgreichen Unternehmer entsprochen. Doch er hatte sich geirrt. Der Beweis dafür war der Verlust seiner Familie.

„Darum können wir die Seelen um uns herum im Raum nicht mehr wahrnehmen. Wir können die Seelenfarben der Steine, Pflanzen, Tiere nicht mehr lesen und nicht mehr von ihnen lernen. Wir sind von unserer Erziehung geblendet. Wir bilden uns ein, erkenntnisfähig zu sein. In Wirklichkeit werden wir uns erst langsam der Möglichkeiten und Funktionen unseres Denkens bewusst. Wir haben Inteligenz, können Probleme lösen, richtig. Das hat aber nichts mit Erkenntnis zu tun. Wir sind noch nicht erkenntnisfähig. Darum sind wir nicht schuldig. Wir befinden uns im Zustand des Vergessens und wissen nicht mehr, woher wir als Seele kamen. Wir wissen nicht mehr, wieso wir hier sind. Wir können unsere Erfahrungen nicht mehr in unser Ganzes einordnen, weil wir unser Ganzes vergessen haben. Darum sind wir nicht schuldig."

„Da ist was dran." Heiko fühlte sich plötzlich erleichtert.

„Um zu erkennen, müssen wir zuerst unser Unrecht erkennen."

„Was meinst du mit Unrecht?".

„Wir sollten zunächst einmal erkennen, wie wir gegen das Leben kämpfen. Das Leben steigt mit Inspirationen in uns auf. Doch wir erkennen sie nicht, sondern nehmen sie als inneren Druck wahr. Wir fordern sofortige Bedürfnisbefriedigung. Alles muss jetzt und sofort geschehen. Männer rennen ins Bordell, Jugendliche in die Diskothek. Oder man betrinkt sich, nimmt Drogen oder arbeitet zu lange. Wir versuchen, dem Druck des Lebens zu entrinnen. Doch in Wirklichkeit kämpfen wir gegen das Leben. Wir haben nicht gelernt, den Druck auszuhalten und uns Zeit zu lassen. Würden wir im Inneren den Druck der Inspirationen erkennen, welche Vielfalt an Poesie, Bildern und schöpferischen Werken könnten wir tun! Welch innerer Reichtum würde sich uns offenbaren! Ihr sagt, Träume sind Schäume. Damit wertet ihr die Träume und die Sprache des Lebens ab. Auch wenn Träume und Inspirationen manchmal verrückt erscheinen: Sie sind sie nicht verrückt. Sie verrücken nur die Ordnungen und Werte unserer Selbstbilder. Sie verrücken die Scheinsicherheit unserer Gewohnheiten. Weil sie ihre Träume nicht ernst nehmen, träumen viele Menschen in Europa nicht mehr. Darum können sie nicht mehr in die Zukunft sehen. Sie können deshalb nicht mehr von Ahnen und Lehrern vor Gefahr gewarnt werden. Viele von euch nehmen ihre Gedanken und Gefühle nicht mehr ernst. Wir müssen damit beginnen, unseren Gefühlen, Gedanken, unserem Körper und seinen Trieben, wieder zu vertrauen. Tun wir das, dann vertrauen wir dem Leben. Doch statt dem Leben mit seinen Inspirationen zu vertrauen, vertraut ihr euren Wissenschaften und der Wirtschaft. Wohin haben sie euch gebracht? Wo stehen wir? Bald sind unsere Lebensgrundlagen, unsere Luft und unser Wasser zerstört. Doch indem wir die Natur zerstören, zerstören wir uns selbst. Wir sind Natur. Unseren Größenwahn und unser Unrecht gegenüber dem Leben erkennen wir, wenn wir unser 'Gutsein' vor uns selbst entlarven. Mit dem 'Gutsein wollen' züchten wir das Böse. Erst wenn wir aus falschen Deutungen heraustreten, begreifen wir unsere Abhängigkeit vom Leben. Dann erkennen wir – hinter zu engen Deutungen, wieder unsere tiefere Vielfalt. Doch wir können, wir dürfen das Leben um Vergebung bitten. Es wird uns vergeben, liebend und bedingungslos.“

Mohamed goss den Rest Tee ins Feuer, das sich zischend aufbäumte, ihn mit seinen auflodernden Farben anfunkelte. Noch in Gedanken versunken, ignorierte er den Protest der Flammen.

„Das Leben fließt in Metamorphosen, sich ständig wandelnd, durch unseren Leib hindurch in die Gemeinschaft hinein. Es erschafft sich selbst in immer neuen Formen. Die Blume ist nicht die Farbigkeit der vergänglichen Blüte. Sie ist die Wurzel in der Dunkelheit der Erde. Wir erkennen nicht unser Unbekanntes, so wie wir das Leben nicht erkennen. Doch aus der Wurzel wächst jedes Jahr aufs Neue die Blume empor. In unseren Körpern als Seelen können wir Menschen, uns gegenseitig in unserem Wesen empfinden. Wir können in uns, in der Natur und in den Menschen um uns herum, das Leben empfinden. Wir dürfen seine selbst- und bedingungslose Liebe, Schönheit erkennen und fühlen."

„Wie kannst du Liebe und das Leben erkennen?"

„Indem du erkennst, dass du lebst und dich verliebst, Heiko! Dieses Gefühl nennst du Liebe. Sie durchfließt uns, doch wir können sie nicht sehen. Wenn wir traurig oder mutlos sind, dürfen wir uns setzen und die Hand aufs Herz legen. Wir dürfen das Leben etwas fragen. Es wird uns durch unser Herz, durch unsere Gedanken, Bilder und Inspirationen antworten. Das Leben nimmt uns an die Hand wie ein Kind. Es führt uns. Es will unser Vertrauen, unsere Hingabe in seine Führung und sein Wachstum. Dann beginnen wir zu wachsen. Verstehst du?"

„Ich glaube, etwas davon spüre ich."

„Sehr gut. Schau deine Frau an, die dich verlassen hat! Du kannst nicht von einem Mann oder einer Frau verlangen, dass sie dich Vertrauen in die Liebe lehren – wenn du vom Misstrauen gegen das Leben geleitet bist. Das geht nicht. Jede Liebe wird dann nur ein Vorwand sein, um der Angst vor dem Leben zu entrinnen.

Entsteht das Verlangen nach einer Frau aber aus Angst und Einsamkeit, dann wächst ein tiefes Schuldgefühl in dir. Das hat nichts mehr mit Liebe zu tun. Abhängigkeit wird dann mit Liebe verwechselt. Man saugt nur noch am Partner. Die Stabilität, das innere Glück, sie sind dann vom Partner abhängig. Daraus erwächst Eifersucht, Kontrollzwang und Manipulation. Liebe ist nicht abhängig von Mann und Frau. Mann und Frau sind nur Metamorphosen eines tieferen Prinzips. Gebt den sinnlosen Kampf zwischen Mann und Frau auf! Gebt eure Vorstellungen und Bilder davon auf! Vielleicht findet ihr dahinter zu Liebe und Respekt zurück. Liebe entsteht erst im Vertrauen zum Leben. Sie entsteht durch die Öffnung unseres Körpers, unserer Seele und unseres Geistes für das Leben. Das Leben – um uns herum und in uns, lässt sie entstehen. Liebe verbindet uns alle. Diese Liebe dürfen wir in unserem Herzen wiederfinden. Das verlangt Hingabe, Zartheit, Weichheit, aber auch Entschlossenheit und Mut. Die Erkenntnis daraus wird erfüllend sein. Vielleicht sollen wir die liebende Sinnlosigkeit unseres Daseins erkennen. Sinn besteht für uns immer aus Vorstellungen, Deutungen. Wir deuten das Leben. Doch ohne das Leben wären unsere Deutungen nichts. Deutungen sind nie das Leben selbst. Sinn muss mit dem Leben nichts zu tun haben. Doch es braucht Mut, in die liebende Sinnlosigkeit einzutreten, diesen unbekannten, leeren Raum in uns zu betreten. Er liegt zwischen den Deutungen und Vorstellungen. Dort gibt es weder Sinn noch Unsinn. Vielleicht finden wir dort aber Frieden? Dadurch könnten wir wieder Vertrauen lernen. Wir dürfen wieder Bescheidenheit und Selbstgenügsamkeit lernen. Dann hätten wir wieder Zeit, weil wir nicht mehr so viel bräuchten. Wir hätten wieder Zeit und Raum, um die Fülle des Lebens, die Liebe und die Schönheit zu erleben. Wir dürfen sie wieder in unser Herz lassen. So könnten wir das Leben einfach leben, um Erfahrungen zu machen. Mit ihnen erschaffen wir Leben. So entsteht Wachstum. Das Leben liebt uns. Das Wesen der Schöpfung drückt sich durch uns aus. Es individualisiert, personifiziert sich in uns. Es gibt uns unsere individuelle Ausstrahlung und unser Wesenhaftes. Das Wesen der Schöpfung drückt sich in dem Wesenartigen der Tiere, der Pflanzen, Steine, Gewässer und Winde aus. Es drückt sich mit seiner Schönheit, seinen Düften und Farben aus, um uns zu erfreuen. Das Leben beschenkt uns mit Wachstum und Schönheit. Wir sind gemeinsam ein Wesen, das jedem Geschöpf seine individuelle Ausstrahlung gibt. Es nimmt uns wie ein Kind an die Hand. Das Leben wächst, führt und entwickelt uns. Licht und Schönheit sind seine Liebe, sein Geschenk für uns."

Er blickte zu den Sternen empor. Seine Brust hob und senkte sich.

Die beiden Freunde blickten ihn schweigend an. Versunken, entrückt saß er da. Da waren Liebe, Sehnsucht und Schmerz.

Er leidet mit allem, dachte Heiko. Er spürte etwas von der Sehnsucht jener Vision, die Mohamed erschütterte und die seine Stimme zittern ließ.

„Das, was wir zu sein glauben, sind Vorstellungen. Sie, unsere Gedanken, sind aber nur Teile des Lebens. Es ist das Leben, das uns geschenkt wurde. Es wirkt als Substanz in unseren Gedanken. Der Geist mit seinen Erfahrungen wirkt in unseren Vorstellungen und Worten. Alleine sind sie nichts. Vorstellungen und Gedanken haben ohne das Leben keine Kraft. Wir sind nicht nur Vorstellungen. Wir gehören uns nicht. Wir gehören dem Leben und sind Leben. Unsere Erfahrungen sind die Erfahrungen der Schöpfung und der Natur. Unsere Haare wachsen gleichzeitig mit den Gräsern und Fellen der Tiere. Unsere Haut erneuert sich gleichzeitig mit den Baumrinden. Vielleicht sind wir nur der Traum eines schlafenden Gottes? Unser Herz schlägt mit allen Herzen der Schöpfung und der Welt. Das wird das Letzte sein, was ich euch auf euren Weg mitgeben kann."

Sein Gesicht war plötzlich weich. Aus seinen Augen, seinem Herz, leuchtete milde Güte, die Frank im Herzen traf, ihn wärmte.

Schweigend blickten sie einander an.

Der Alte setzte das Glas ab und musterte sie.

„Spürst du dein Herz?"

Heiko versuchte, sich darauf zu konzentrieren.

„Nicht richtig, es ist mehr mein Puls, den ich spüre."

„Du wirst es spüren. Es ist wichtig für dich. Das Leben schlägt durch unser Herz und bewegt uns mit ihm. Es ist der Puls des Lebens, der alles pulsieren lässt. Das Herz führt uns die Vergänglichkeit unserer Gedanken, Gefühle und unseres Daseins vor Augen. Erinnere dich an den Tag, an dem deine Frau dich mit deinen Kindern verließ. Wie war es?"

„Schrecklich. Ich war wie gelähmt. Als ich nach Hause kam, waren alle Zimmer leer. Es herrschte eine entsetzliche Stille."

„Aber dein Herz schlug weiter, nicht wahr?"

„Ja, natürlich. Wieso?"

„Es ist nicht selbstverständlich, dass es weiter schlägt. Doch weil dein Herz schlägt, lebst du Heiko."

„Ja."

„Darum sitzen wir hier zusammen."

„Ja."

„Auch in den glücklichen Tagen schlug es, oder?"

„Ja natürlich, sonst wäre ich nicht hier."

„Und danach schlug es auch, nicht wahr?"

„Ja, aber ich verstehe nicht, was du mir sagen willst?"

„Dein Herz schlägt, egal ob du wütend, glücklich oder traurig bist. Es schlägt gelassen, selbstlos und bedingungslos. Es ist dir gegeben. Angetrieben vom Leben, bewegt und lebt dich dein Herz. Wenn du am Abend traurig oder missgelaunt von der Arbeit kamst, war es für dich da. Es hat für dich geschlagen. Hättest du innegehalten, hätte die Seele in deinem Herzen dich erkennen lassen, dass du fleißig und ehrlich warst. Du hast aber nicht um der Arbeit willen gearbeitet, sondern jagtest dem Geld und dem Prestige nach. Darum fandest du in der Arbeit keine Erfüllung. Es ging gar nicht um sie. Daher warst du leer. Irgendwann stimmte das Geld nicht mehr. Deine Erfolge zeigten sich nicht so, wie du es dir vorgestellt hast. Du lebtest nur in deinen Gedanken, Vorstellungen und Deutungen. Du hattest dein Herz vergessen. Es hätte dich zurück in deine Seele geführt. Du hättest Freude im Tun selbst gefunden. Du hättest Vertrauen in dir selbst gefunden. Egal welche Gedanken du hegtest, dein Herz schlug. Obwohl Vorstellungen dich bestürmten schlug es für dich und dein Wachstum. Das Leben lässt es schlagen.

Vertraust du deinem Herzen, dann vertraust du deinem Leben. Freude und Gelassenheit entstehen. Das Leben bedankt sich für dein Vertrauen. Das ist seine Liebe zu dir. Das Herz schlägt selbstlos und bescheiden, so wie die Erde sich gelassen und selbstlos dreht. Sie trägt und nährt uns, ohne etwas dafür zu verlangen. Hättest du gelebt, wie dein Herz es dir zeigen wollte, wäre deine Familie noch bei dir. Dann hättest du ihr Herz, ihr Leiden fühlen können. Sie haben dich geliebt Heiko. Durch dein Herz hättest du ihre Liebe empfunden und sie nicht verloren."

Er blickte ihn an. Heiko saß gebannt da und schwieg. Die Worte trafen ihn tief.

„Die Sprache des Herzens ist die Sprache des Lebens. Hättest du dein Herz nicht vergessen, hättest du dein Leben nicht vergessen. Du säßest nicht hier. Darum ist es wichtig, dein Herz wiederzufinden. Es wieder für das Leben, die Liebe und deine Seele zu öffnen. Wenn dir das gelingt, ist deine Suche vorbei. Wenn es dir einmal nicht gut geht, du traurig bist, dann setze dich einfach hin. Halte inne. Lege deine Hand aufs Herz und bedanke dich bei ihm. Spüre, wie das Leben durch dich fließt und sei dankbar. Habe Mut, dir zu vertrauen. Dann vertraust du dem Leben. Das ist sein Lohn. Schau in die Weite."

Der Alte deutete empor zu den Sternen. „Von dort kommen wir her!"

Es war eine sternklare Nacht. Das Zeichen des Löwen schwebte mächtig über ihnen. In der schwarzblauen Weite des Firmaments strahlte weiß und klar der Polarstern.

Heiko und Frank zogen sich die Decken um ihre Schultern; es war kalt geworden.

Der unendliche Raum über ihnen war es, der die Erde trug. Da war die Stille, die ihre Seele reinigte. Eine Stille, die es nur in der Wüste gab. Das Feuer knisterte.

„Heiko dein Herz schlägt gelassen im dunklen Raum deines Körpers. Es schlägt immer gleich, wie die Erde sich gleich um sich dreht. Sie dreht sich stoisch, gelassen, bedingungslos und selbstlos. Das Herz schlägt, die Erde dreht sich in der Schöpfung, die alles umhüllt. Wir schweben in der Leere und Stille des Raumes, in seiner Kälte, Gleichgültigkeit und Schwerelosigkeit. Die Schöpfung ist einfach. Der Raum ist formloses, schwereloses Nichts. Unsichtbar zwischen uns Menschen verborgen, existiert das lichtvolle Urmeer der Seelen. Wir schweben in ihm. Es durchdringt uns. Der Geist der Schöpfung, sein Licht, sie sind Frieden und Glück. Sie sind die Substanz unseren Seelen und Herzen. Ihr Licht erleuchtet die Bilder unserer Gedanken und Träume. Leid und Angst können wir nur erkennen, weil wir eine tiefe Idee von Frieden und Glück in uns tragen. Diese Idee ist eine Erinnerung daran, woher wir ursprünglich kamen und was wir noch sind. Darum sind Angst, Zorn und Scham uns so fremd, so schrecklich. In unserem Inneren können wir Frieden und Glück finden. Wir dürfen uns vertrauen. Das Leben mit seiner Liebe bewegt, verbindet und lebt uns alle. Es schlägt unsere Herzen."

Mohamed blickte ihnen tief in die Augen und schwieg. Alles war ruhig.

„Frank, Heiko ihr seid Seelen."

Stille barg sie. Das Feuer knisterte sanft in seinen letzten Flammen.

„Kehret nun zurück, teilt eure Liebe, die euch gegeben wurden! Gebt euch den Mitmenschen, der Liebe, ihrer

Sinnlichkeit und Schönheit hin. Gebt euch dem Leben hin! Lebt, was euch gegeben ist! Lebt euer Leben!"

Der Alte hatte sich verändert. Er war plötzlich voller Frieden. Seine weichen Augen leuchteten, teilten Mitgefühl und Wärme.

Heiko und Frank blickten ihn dankbar an. Sein Gesicht war voller Erfahrungen. Ein uraltes, liebendes Wissen ergriff sanft ihre Herzen, berührten sie. Ihre Herzen öffneten sich. Die Leere des Raumes, die Nacht, sie waren plötzlich erfüllt von zeitloser Weisheit, Liebe, Ruhe und Stille, die sie zart umhüllten. Sie waren glücklich.

Der Alte stand auf. Er legte die rechte Hand auf sein Herz und lächelte. Dann verschwand er so lautlos in der Dunkelheit, wie er gekommen war.

E N D E

Begriffserklärungen für meine Bücher

A

All Erfahrung – Schöpfungserfahrungen

Wenn es eine Einheit und Ewigkeit gibt, sind in ihre alle Zustände und Qualitäten enthalten. Sie entstehen aus Erfahrungen einer vorangegangenen Schöpfung, die im Schöpfungsgeist gespeichert sind. So sind alle je gemachten Erfahrungen in der Schöpfung enthalten. Sie sind ewig, stehen jeder Seele, jedem Geschöpf und den Schöpfungsebenen zur Verfügung.

Ausstrahlung:

Jedes Wesen hat eine Ausstrahlung. Durch die Ausstrahlung können wir das Wesenhafte eines Menschen, eines Geschöpfes empfinden und fühlen. Das Wesen ist nicht beschreibbar, kriegt aber durch die Substanz, durch die Körper Ausdruck und eine Wirkung. Die Ausstrahlung wirkt durch Substanz und Körper hindurch. Das geistige Licht der Seele gibt ihrem Wesen seine Ausstrahlung.

B

Begierden

Begierden bestehen aus evolutionären Antrieben – Durst, Hunger, Sexualität und Schlaf... Sie vermischen sich mit Wünschen der Persönlichkeit und werden so zu antreibenden Begierden, die sich im außen mit einem Objekt der Begierde identifizieren und es haben wollen. Durch ihre evolutionäre Antriebsverknüpfung haben sie einen stärken Antrieb als normale Wünsche, sie besitzen im Menschen eine existentielle Qualität, die bei den normalen Wünschen fehlt.

Bewusstsein, Bewusstseinsprozesse

Das Bewusstsein kann man nicht beschreiben, sondern es nur durch unsere Wahrnehmung in seinen Phänomenen erfahren. So ist das Bewusstsein für mich das passiv Wahrnehmende, sein Geist ist der aktive, spiegelnde und sich selbst erschaffende Teil der Seele. Ich denke an eine Rose und sie spiegelt sich als Bild oder Ahnung, die ich in mir erkennen kann. Das geistige Licht der Seele lässt uns das Wahrgenommene erkennen. So sind Licht, Geist und Bewusstsein eine Einheit, das Substanzielle, Reflektierende und Wahrnehmende der Seele. Schöpfungsgeist, -bewusstsein und Licht individualisieren sich in der einzelnen Seele und ihrem Geschöpf. Im Inneren der Seele verwandelt sich der Schöpfungsgeist in einen individuellen, so auch das Bewusstsein und Licht, durch das wir Menschen uns in der Schöpfung individuell wahrnehmen und erfahren. Um uns herum ist der gleiche Geist ein kollektiver und ermöglicht Kommunikation, Bewegung und durch Austausch von Erfahrungen Entwicklung. Bewusstseinsprozeße sind Erfahrungsprozesse, die wir in unserer Wahrnehmung erfahren.

Bewusstseinsebenen in der Schöpfung und der Einzelseele

1. Bewusstseinsebene: Sie beginnt vor der Schöpfung ist reiner Geist, Bewusstsein und Licht und trägt alle Erfahrungen der vorangegangenen Schöpfungen in sich. Diese Bewusstseinsebene ist leer, manifestations- und energielos. Als Ewigkeit individualisiert es sich in die inneren und äußeren durchlässigen Räume – verbindet sie gemeinsam. Es gibt allem seinen Bewegungs- und Entwicklungsraum.

2. Bewusstseinsebene: Sie beginnt nach der Schöpfung mit den Seelen. Es ist die Ebene des Geistes, der Gleichzeitigkeit in der Schöpfung und in uns Menschen. Vergangenheits-, Gegenwarts- und mögliche Zukunftserfahrungen existieren gleichzeitig in- und nebeneinander. Durch die Erinnerungen holen wir Vergangenes in die Gegenwart, das schon die Möglichkeiten unserer Zukunft mitbestimmt. Es ist die Ebene des Möglichen.

3. Bewusstseinebene: Sie ist die materielle Ebene des Festen, des Getrennten und des physischen Körper. Zeiträume werden in ihr aufgeteilt. Sie unterliegt den dualen Entweder/Oder Zuständen sowie Ursache und Wirkung. Sie ist für uns Menschen die sinnliche und tatsächliche Ebene. Der Mensch in seinem Körper kann sich aber nicht in die Vergangenheit zurückbewegen, sie nur durch seine Erinnerungen geistig erleben. Unsere Erinnerungen, Gedanken und wir Menschen bewegen uns in den Räumen der 1 Leeren und zugleich in der 2. Bewusstseinsebene der Gleichzeitig.

Bewusstwerdung

Ich kann versuchen mit Worten etwas zu beschreiben, was in mir schon vorhanden ist, es empfinden oder fühlen. Durch Worte und Begriffe versuche ich nun diesen inneren Eindruck einzuordnen. Der innere Eindruck steigt aus meinem unbewussten Teil - wo er konstruiert wird, auf. Das ICH erkennt ihn und findet Worte und Begriffe dafür. Jetzt wird mir der Eindruck bewusst. Das ist der Bewusstwerdungsprozess.

E

EGO

Es ist ein Teil unseres ICHs. Es schützt einen verletzten und angegriffenen Teil einer ICH-Vorstellung, eines ICH-Gefühls oder Empfindung darin, sowie den Körper. Es ist mit den Überlebensantrieben und Verhalten der Evolution: Angriff, Flucht und Todstellreflex verknüpft. Das ICH, sein EGO besteht aus zwei Teilen::

- psychisch: Gedanken, Gefühle, Erinnerungen und Empfindungen
- physisch: Gehirn, willentliches Nervensystem und Muskeln sowie der Bewegungs-apparat, die Sinnesorgane und uns stimulierenden Hormone. Lesen Sie auch das ICH.

Einheits- und Schöpfungsgeist

Das Bewusstsein ist für mich das passiv Wahrnehmende, sein Geist ist der aktive, spie-gelnde und sich selbst erschaffende Teil im Bewusstsein und Licht. Er individualisiert sich in den Seelen. Ich denke an eine Rose und sie spiegelt sich als Bild oder Ahnung, die ich in mir erkennen kann. Das geistige Licht der Schöpfung lässt das Wahrgenommene erkennen. So sind Licht, Geist und Bewusstsein eine Einheit, das Substanzielle, Reflek-tierende und Wahrnehmende in der Schöpfung und in jeder Seele.

Gott ist nicht beschreibbar und unfassbar. Wir geben ihm Zuschreibungen von Ewigkeit, Geist und Licht. Durch religiöse Literatur werden wir aber provoziert, uns mit ihm zu beschäftigen. Origenes beschreibt es zusätzlich als einen inneren, unkontrollierbaren Drang der Seele, uns zu erfahren. Er treibt uns an, uns in der Schöpfung verstehen zu wollen. So nehme ich diese Herausforderung mit begrenzten Worten an. Ich gehe von einem Wesenartigen der Ewigkeit aus. Das Wesen besteht aus Erfahrungen einer voran-gegangenen Schöpfung, die sich selbst in der Einheit – Gott, verwirklichte. Sie ist form-los, energielos, zeit- und raumlos. Alle Zustände, Qualitäten sind in ihr enthalten und können als Liebe bezeichnet werden. Vor der Entstehung der Schöpfung erkennt sich dieses selbst, konzentriert sich auf sich und verdichtet dadurch ihr unsichtbares Licht, ihren Geist und Bewusstsein. Ihr geistiges Licht wird dadurch sichtbar und Substanz. Damit entstand die Schöpfung. Das Wesen Gottes kann sich nun durch seine göttliche Substanz der Schöpfung ausdrücken und wirken. Es kann sich selbst im Spiegel seines Geistes im Bewusstsein und Licht als Erfahrung erkennen. Seine Erfahrungen der vor-angegangenen Schöpfung erschrecken, da sie sich als NICHTS, ohne Formen und Körper erleben. Die Schöpfungserfahrungen drängen nun in eine Form, um sich selbst wieder Ausdruck und Wirkung zu verleihen. Damit entsteht der Evolutionsdruck für die Vielfalt. Später teilt sich das Schöpfungslicht in seine Seelen auf und individualisiert sich in ih-nen. Sie erschaffen die Schöpfungsebenen, sowie die Körper ihrer Geschöpfe, um sich in ihnen zu personifizieren (als Engel, Geister, . . ., Materie, Pflanzen, Tiere oder Menschen). Lesen sie auch Gott, Evolution und Seele.

Empfindungs- und Gefühlsfelder

Gefühle und Empfindungen sind beweglich und fließend. Sie sind von geistig-seelischer Substanz. Sie fließen als Felder wellenartig und können von Mensch zu Mensch über-tragen werden. Unsere Aufmerksamkeit, Konzentration und Identifikation geben den Wellenfeldern eine Fließ- und Zielrichtung.

Erkenntnis

Die Erkenntnis beschreibt im Gegensatz zur Intelligenz innere Prozesse in Verbindung zu äußeren Ereignissen und Situationen. Erkenntnisprozesse können innere verhärtete Kontexte und oberflächliche Vorstellungen aufbrechen und zu tieferen Erkenntnissen führen. Intelligenz ist meist nach außen auf Probleme gerichtet, die man durch wiederholte Arbeit, durch wiederholte Auseinandersetzung damit lösen kann. Die Intelligenz wird oft gebraucht, um in tiefere Erkenntnisprozesse vorzudringen. Intelligenz hat mit bewussten und willentlichem Denken und Erkennen zu tun. Erkenntnisprozesse dagegen treten häufig spontan und unwillentlich auf, sie steigen aus unseren inneren Tiefen auf und werden uns bewusst. Darum sind wir nur begrenzt erkenntnisfähig und lernen mit Intelligenz, mit unseren Vorstellungen und Gedanken bewusst umzugehen. Umso bewusster wir mit ihnen umgehen, umso mehr werden wir uns, unserer noch halbbewussten Erkenntnisfähigkeit bewusst werden.
Lesen Sie auch Bewusstwerdung.

Erziehungskleid

Die Seele ist für die meisten Menschen nicht wahrnehmbar, einige sehen sie aber als Lichtform. Wenn die Seele ein Teil des göttlichen Schöpfungslichtes ist, ist sie unsere unsichtbare Substanz, die sich mit einem Kleid der Bilder und Erinnerungen und mit unserem Körper schmückt. So schmückt sich Gott - seine Einheit, mit dem Kleid seiner Vielfalt. Er drückt sich durch sie aus und wirkt mit seinen Wesen, seinen Erfahrungen, seinem Geist, Bewusstsein und Licht. Er stellt sich den Geschöpfen damit dienend zur Verfügung, die sich in ihm frei wahrnehmen, erkennen, bewegen, entscheiden und miteinander kommunizieren. Gleichzeitig werden wir Menschen von unseren eigenen Bildern, Vorstellungen und Prägungen im Körper begrenzt und in eine bestimmte Richtung geführt. So stellt das Kleid zugleich Schmuck und Erziehung dar, in dem wir mit einem beschränkten Willen, beschränkte doch freie Entscheidungen treffen können.

Evolution – Evolutionsseele

Ich unterscheide eine geistige Evolution, die auf das Bewusstsein der Seelen und Geschöpfe wirkt und eine materielle Evolution, die auf die Gene und die Materie wirkt. Sie speichert Erfahrungs- und Bewusstseinsprozesse in Bildern der geistigen Evolution. Die materielle Evolution beginnt mit dem Urknall und ist aus der geistigen heraus entstanden. Die materielle ist von der geistigen Evolution abhängig. Die Evolution ist ein intelligenter geistig-substanzieller Träger von gemachten und zukünftigen Erfahrungen, die in geistigen Bildern gespeichert sind. Sie erschafft und drückt sich durch das Universum und durch die Natur hindurch aus. Darum spreche ich ihr eine Seele zu. So ist der Schöpfungsgeist die Urebene der Evolution. Aus ihm heraus entwickelt sich die Vielfalt. So verwandelt die Evolution, je nach Dichte und Qualität einer Schöpfungsebene, ihre

Formen und Körper. Darum zeigt sie sich im Universum anders als im Meer oder im Menschen. Sie schafft den Ausgleich zwischen den Arten, Gruppen, Zuständen, Dichten und Körpern. So zeigt sie sich in ihren geistigen und materiellen Phänomenen, Dynamiken und Formen, kann aber selbst nicht beschrieben werden. Darum könnte sie ein Teil des Logos sein.

Den ursprünglichsten Evolutionsdruck und Antrieb der Evolution beschreibe ich im Einheitsgeist.

F

Fixierung

Wir fixieren und identifizieren uns mit inneren Vorstellungen, Wünschen oder eine Idee. Sie führen uns im außen - fixieren uns auf einen anderen Menschen, ein Objekt oder eine Situation. Eine Fixierung erhöht die innere Spannung, treibt uns unruhig an und engt unser Bewusstsein auf das Objekt ein. Im Negativen erstarrt die Fixierung, beherrscht uns und wird zu einem zu engen Gefängnis. Jede Art von Suchtkrankheit sind typische Beispiele dafür. Der Alkoholiker ist vom Alkohol beherrscht und auf ihn fixiert. Der Alkoholismus schränkt sein Bewusstsein, sein Denken und Fühlen ein. Der Mensch entfremdet sich durch die Fixation. Die Bewusstseinseinengung verschließt ihm den Weg in seine eigene Vielfalt und Seele.

Freiheit

Bei der Freiheit unterscheide ich
- eine äußere Freiheit, die wir mit Geld, Haus, Reisen etc. versuchen zu finden.
- und eine innere Freiheit.

Damit meine ich, dass wir uns nicht von eigenen inneren Vorstellung, Gedanken und Gefühlen gefangen nehmen lassen sollen und uns von ihnen abhängig machen. Sie sind nur Teile in uns. Wir können sie frei betrachten und zu unserem Glück nutzen.

Sind wir aber wirklich frei? Nein, wir sind in Kreisläufe und im Leben eingebunden. Um uns zu erkennen, müssen wir uns erstmal in dieser Abhängigkeit akzeptieren und schätzen lernen. Wir wurden durch das Leben und die Schöpfung erschaffen, die uns unsere Werkzeuge der Gedanken, Vorstellungen, Erinnerungen, Gefühle und unseren Körper zur Verfügung stellt, um uns selbst in den Gemeinschaften zu erfahren. Können wir uns aber bewusst in der Abhängigkeit zum Leben erfahren und es schätzen, dann erfahren wir uns wieder in einer Eingebundenheit, die uns erschafft. Wir können dem Leben vertrauen, das unser Herz schlagen lässt und uns lebt. Damit fängt die innere Freiheit an, die unsere äußere erschafft. Leben wir in Gefühlen und Vorstellungen der Angst, Schuld, Frustration und Wut, engen wir uns ein – die Muskeln des Körpers verkrampfen sich. Wir nehmen uns so selbst das äußere Freiheitsgefühl. Im Glück, in der Freude... entspannen sich die Muskeln, wir gewinnen dadurch ein äußeres Freiheitserleben.

G

Geistige Substanz - Seelengeistfeld

Die geistige Substanz der Schöpfung und der Seelen ist das Wesen von Gott. Es transportiert seine Erfahrungen der vorangegangen Schöpfungen. Sie kriegen durch die geistige Substanz der Schöpfung Ausdruck und Wirkung, spiegeln sich als Bilder im Geist der Einzel- und Gruppenseelen. Ich kann mir eine Rose denken und sie visuell als Spiegelerfahrung wahrnehmen oder erahnen. Die Seelen sind das ewige Licht Gottes und zugleich sein spiegelartiger Glanz. Unsere inneren Erfahrungen reflektieren sich im Spiegel des göttlichen Geistes, seinem Bewusstsein und Licht, dass sich in der Seele individualisierte. Geist, Bewusstsein und Licht sind für mich eine gemeinsame Einheit, symbolisch können sie als Feld gedacht werden, das alle Seelen durchdringt und verbindet. In Wirklichkeit sind sie eine alles erschaffende Intelligenz, doch manifestationslos, energielos und formlos - also nicht zu beschreiben. Verdichtet erschaffen sie die göttliche Schöpfung als substanzielle Lichtsubstanz. Durch sie gibt sich die Liebe, das Wesen Gottes Ausdruck und Wirkung. Lesen Sie bitte Gott, Einheitsgeist, Evolution und Seele.

Gene

Sind der Träger der Chromosomen und unseres Erbgutes. In ihnen sind die Lebensbausteine unseres Körper enthalten: Die Funktionen, Grundverhalten, Organe, Grunddynamiken und Organisationen. Die Erfahrungen der materiellen Evolution, ihre Erfahrungs- und Bewusstseinsprozesse wirken in den Chromosomen und Genen. Sie entwickeln gemeinsam unseren Körper. Lesen Sie bitte Evolution als Zusatzerklärung.

Gott

Wenn ich von Gott schreibe, dann so, wie ihn jeder für sich selbst verstehen kann.

Gott ist unfassbar und nicht zu beschreiben – das Mysterium. Gott ist keine Person. Er zeigt sich für mich in einem intelligenten Geist-, Bewusstseins und Lichtfeld der Liebe, das sich in die Seelen aufteilte, sie durchdringt und durch alle Räume hindurch verbindet. So ist das Bewusstsein für mich das passiv Wahrnehmende, sein Geist ist der aktive, spiegelnde und sich selbst erschaffende Teil. Ich denke an eine Rose und sie spiegelt sich als Bild oder Ahnung, die ich in mir erkennen kann. Das geistige Licht der Schöpfung lässt das Wahrgenommene erkennen. So sind Licht, Geist und Bewusstsein eine Einheit, das Substanzielle, Reflektierende und Wahrnehmende der Schöpfung und der Seelen. Schöpfungsgeist, -bewusstsein und Licht individualisieren sich in der einzelnen Seele und ihrem Geschöpf. Gott ist Ewigkeit, Einheit und das Wesen mit den Erfahrungen der letzten Schöpfungen. Sie geben sich durch die göttliche Schöpfungssubstanz, durch ihre Vielfalt, selbst Ausdruck und Wirkung. Sein Geist, Bewusstsein und Licht kann man nicht erfassen – sie sind eine Einheit, doch in den Phänomenen unserer Wahrnehmung erfahrbar. So glaube ich, dass wir uns im Geist, Licht und Bewusstsein Gottes als Seele und Wesen in unserem Körper durch individuelle Erfahrungen selbst wahrnehmen und erkennen. Die Trinität ist für mich ein begriffliches Model, was auf die Bibel zurückgreift und Gott begrifflich aufteilt. Der Begriff ist in 450 Jahren nach Christus entstanden, ist so in der Bibel als Begriff Trinität nicht erwähnt. Ich persönlich kann ihn nachvollziehen, doch ist er für mich zu reduziert, so zeigt sich Gott in anderen Religionen anders als Formwerdung, Auflösung und Bewegung (Hindus) oder im Islam mit 99 anderen Qualitäten. So sind Religionen für mich unvollständige Wege in die Schöpfung und zu Gott, die sich gemeinsam dienen, ihre Erfahrungen und Wissen teilen sollten. Würden sie dienend voneinander lernen, wäre eines der größten Gewaltpotentiale auf der Welt aufgelöst. Die Religionen spiegeln die Vielfalt in der Einheit und sind deshalb begrenzt, unvollständig, fehlerhaft – weil menschlich, gleichwertig und dienend. Die Religionen sind wie Häuser, die Einheit umgibt sie und erschafft sie. Religionen sind von der Seelen-, Geist- und Körperstruktur des Menschen abhängig. Ohne diese Struktur und Organisation könnten wir keine religiös-transzendenten Gefühle, Ahnungen und Visionen haben – es gäbe keine Religionen. Sie ist uns gegeben und verbindet uns durch die Seele direkt mit Gott. Die Seele, ihr Geist, ist die göttliche Natur jedes Geschöpfes, sie ist das Verbindende zu Gott. Lesen Sie bitte auch Seele und Einheitsgeist.

I

ICH, ICH-Instanz, Wille und Erfahrung

Das ICH im Menschen ist zur Hälfte psychisch:
Gedanken, Ideen, Erinnerungen, Vorstellungen, Wille, Absicht und Entscheidung und zur anderen Hälfte physisch:
Gehirn, willentliches Nervensystem, Hormone, willentlich zu bewegende Muskeln Sinnesorgane und der Bewegungsapparat.

Mit Hilfe des ICHs erkennen wir uns bewusst, reflektieren, denken und fühlen. Wir treffen Entscheidungen mit ihm, setzen Absichten und Handeln. Das ICH ist unserer Diplomat: Es gleicht unsere inneren Erwartungen und Vorstellungen der Persönlichkeitsanteile aus, vergleicht sie zugleich mit den Erwartungen und Wünschen der Mitmenschen im außen. Es findet Kompromisse. Es ist die Brücke zwischen dem inneren Jenseitigen des Geistes und dem äußeren Diesseitigen des Körpers und der Umwelt. Lesen Sie auch das EGO, Innere Dialoge und Seele.

Innere Dialoge

Sie können sich in der Seele auf den Ebenen der Persönlichkeit und den Ebenen des Geistes, im Höheren Selbst abspielen.

In der Persönlichkeit werden die Erfahrungen und Erinnerungen der Erziehung, Kindheits- und Jugendzeit gespeichert.

In den Geistebenen werden die kollektiven Erinnerungen der Religionen, Kulturen, die der Reise durch die Schöpfungsebenen gespeichert.

Erfahrungen werden in Bilder transportiert, die sich in Vorstellungen sammeln. Bilder sind durch Assoziationsketten nachdem Ähnlichkeitsprinzip in den verschiedenen Ebenen verbunden. Vorstellungen verbinden sie zu Komplexen. Umso mehr eine Vorstellung wiederholt und gebraucht wird, umso stärker und grösser wird sie. Sie verfestigen sich zum Charakter. Vorstellungskomplexe verbinden sich zu Persönlichkeits- oder Geistanteilen. So entstehen autonom wirkende und sich selbst entwickelnde Persönlichkeitsanteile: Mutter, Vater..., die untereinander durch Assoziationen vernetzt sind und gemeinsam wieder größere und übergeordnete Anteile – Familie, bilden. Durch unsere Alltagserfahrungen entwickeln sie sich frei in der Seele, so können sie sich aber auch uneins sein. Dadurch entstehen in uns innere Dialoge, Fragen und Zweifel. Die Persönlichkeitsanteile bilden innere Gestalten, die zusammen diskutieren und streiten, Erfahrungen austauschen.

K

Körper

Unter Körper verstehe ich die verschiedenen geistigen und unseren physischen Körper, die gemeinsam durch unserer Seele einen Einheitskörper bilden. Ich unterscheide die folgenden geistigen Wahrnehmungskörper in der Seele:

– Der Mentalkörper ist der Träger der Gedanken, Begriffe und Symbole
– Der astrale Körper ist der Träger der Erinnerungen, Gefühle und Bilder
– Der ätherische Körper ist der Träger der Organ- und Körperbilder, sowie der Empfindungen die in den Bildern gespeichert sind. Phantomschmerz:

Man fühlt und empfindet die Hand als Realität, die aber vor wenigen Wochen amputiert wurde.

So gibt es noch weitere Körper, die ich hier nicht erwähne. Sie umgeben unseren physischen Körper. Sie alle stellen Teilkörper im Einheitskörper der Seele dar.

L

Lichtsubstanz, Licht

Die Seele ist aus dem Schöpfungslicht entstanden. Es hat sich in ihre Seelen aufgeteilt und individualisiert. Es ist das Wesen, das substanziell verdichtete Geist- und Bewusstseinslicht Gottes. Sie transportieren alle Erfahrungen der vorangegangenen Schöpfungen, die durch die göttliche Substanz der Schöpfung, später durch die Bilder und Erfahrungen der Seelen, Ausdruck und Wirkung kriegen. Diese Substanz der Schöpfung ist die individualisierte und innerliche Substanz jeder Einzelseele. In ihnen nehmen wir Menschen uns selbst durch Gefühle, Erinnerungen, Ideen und Gedanken im physischen Körper wahr und erfahren uns. Lesen sie bitte Seele, Einheits- und Schöpfungsgeist, Evolution, ICH.

M

Metamorphose

Alles besteht aus verschiedenen seelischen, geistigen, materiellen und physischen Schöpfungsebenen und individuellen Ebenen der Geschöpfe – so auch unser Universum mit den Galaxien, Sternen, Sonnen und Planeten. Die Seelen durchwandern die ganze Schöpfung, ihre Ebenen, die Universen und erfahren sich in den Geschöpfen der Erde. Sie erfahren sich in ihren Manifestationen und manifestieren sich in ihren verschiedenen Körper (siehe Körper, Manifestationen). Ihre Erfahrungen sind in der Seele gespeichert und unterliegen wie ihre Körper Wandel- und Metmorphoseprozessen. Die Seelen und auch die Erfahrungen existieren ewig. Beim Durchlaufen jeder Ebene manifestieren sie sich, entwickeln und verwandeln sich stets neu in ihren verschiedenen Körper.

P

Persönlichkeit

In der Persönlichkeit werden die Erfahrungen und Erinnerungen der Erziehung, Kindheits- und Jugendzeit gespeichert. In den Geistebenen werden die kollektiven Erinnerungen der Religionen, Kulturen, die der Reise durch die Schöpfungsebenen gespeichert. Erfahrungen werden in Bilder transportiert, die sich in Vorstellungen sammeln. Bilder sind durch Assoziationsketen in den Ebenen der Seele vernetzt. Vorstellungen verbinden sie zu Komplexen. Umso mehr eine Vorstellung wiederholt und gebraucht wird, umso stärker und grösser wird sie. Sie verfestigen sich zum Charakter. Vorstellungskomplexe verbinden sich zu Persönlichkeits- oder Geistanteilen. Lesen sie auch innere Dialoge und Assoziationen.

Prägungen

Wir Menschen reagieren mit unseren Gedanken und Gefühlen auf innere Erinnerungen und Vorstellungen. Sie tauchen aus den verschiedenen Ebenen und Tiefen der Seele auf. Sie sind uns dort nicht bewusst. Im Auftauchen werden sie von unserem ICH erkannt und uns bewusst. Diese auftauchenden inneren Eindrücke und Bilder sind vorgeprägt:

– Durch Erfahrungen anderer Existenzen
– Durch kollektive kulturelle und religiöse und gesellschaftliche Vorerfahrungen
– Durch evolutionäre und instinkthafte Vorprägungen
– Durch Erziehungserfahrungen
– Durch Erinnerungen und Vorstellungen
– Durch sie sind unsere inneren Eindrücke vorgeprägt.

Wir können auf diese Vorprägungen mit Entscheidungen unseres Denkens reagieren, sie reflektieren und überdenken. Doch auch unser Denken und Fühlen, unsere Wahrnehmung ist durch die Organisation unseres Gehirnes vorgeprägt. Dadurch haben wir keinen freien Willen. Unsere Entscheidungen, unser Wille und unsere Wahrnehmung sind begrenzt. So begrenzen wir uns selbst mit unseren Worten, Begriffen, Vorstellungen und Gedanken. Sie beschreiben innere Konstrukte der äußeren Wirklichkeit. Wir nehmen die Konstrukte als unserer Realität wahr. Die Wirklichkeit, das Beschriebene, kann sich aber ganz anders darstellen.

R

Religionen

Religionen sind für mich Wege in die Schöpfung und zu Gott, die sich gemeinsam dienen, ihre Erfahrungen und Wissen teilen sollten. Würden sie dienend voneinander lernen, wäre eines der größten Gewaltpotentiale auf der Welt aufgelöst. Die Religionen spiegeln die Vielfalt in der Einheit und sind deshalb begrenzt, unvollständig, fehlerhaft – weil menschlich, gleichwertig und dienend. Die Religionen sind wie Häuser, die Einheit umgibt sie und erschafft sie. Religionen sind von der Seelen-, Geist- und Körperstruktur des Menschen abhängig. Ohne diese Struktur und Organisation könnten wir keine religiös-transzendenten Gefühle, Ahnungen und Visionen haben – es gäbe keine Religionen. Sie ist uns gegeben und verbindet uns durch die Seele direkt mit Gott. Die Seele, ihr Geist, ist die göttliche Natur jedes Geschöpfes und das Verbindende zu Gott. Lesen Sie bitte auch Seele und Einheitsgeist.

S

Schöpfungsgeist, Schöpfung, Schöpfungslicht, Schöpfungsebenen

Die Schöpfung entstand aus dem unfassbaren Wesen Gottes, seinem Geist, Licht und Bewusstsein, dass sich in seinen Erfahrungen der letzten Schöpfung als Nichts erkannte und erschrak. Die Erfahrungen waren formlos, manifestationslos und energielos. So kam es zu einer Verdichtung und das Licht wurde sichtbar. Die Schöpfung war entstanden. Auf einer Zahlen Linie von 0 bis 10 würde es der 1 entsprechen, die 0 wäre Gott. Langsam bildeten sich Manifestationen, Punkte, die einfache Formen annahmen. Das wäre die 2 und 3. Nun teilte sich die Schöpfung in ihre Seelen auf. Die Seelen wurden zu den Trägern der Formen und Bilder. Das wäre die 4. Die Seelen tauschten nun Erfahrungen und Bilder aus, weil aber alles noch Einheit war, reagierte alles auf alles und verdichtete sich – Schöpfungsebenen entstanden 3- 6. Nach und nach entstanden Licht-, Farb- und Klangsphären. Es war wie ein Urmeer, Lichtmeer, indem die Seelen wie Fische schwebten. Darin tauschten sich die Seelen aus. Sprache, Kommunikation und kollektive Wahrnehmungsebenen entstanden, die sich in der ganzen Schöpfung vervielfältigten. Die gesamten Erfahrungen der Seelen wurden nun in einer neuen Evolutionsseele 7 gespeichert und verarbeitet. Aus ihr entstand als neue geistig Ebene die ADAMEBNE. Sie entspricht der 8 auf der Zeitlinie. Die Seelen empfingen Bilder der vorangegangenen Schöpfung, nahmen sie in sich auf und wurden zu ihnen. So war ADAM eine Konzeptebene, wo die Bilder als Vorlagen für das künftige Universum erschaffen wurden. Die 9 wäre dann unser Universum und bei 10 wäre die Erde mit der Menschheit erschaffen worden. Dies soll ein kleines Übersichtsmodel sein, wie ich die Schöpfung als modelhafte Möglichkeit sehe. Lesen sie bitte Evolution, Einheitsgeist und Seele.

Seele - Gruppenseele

Sie ist eine direkte Individualisation des Schöpfungsgeistes, seines Lichtes und Bewusstsein. Sie ist formhaft, doch von geistiger Substanz, speichert Erfahrungs- und Bewusstseinsprozesse in ihren Bildern und Erinnerungen. Sie hat ein Inneres, eine Grenze und bewegt sich in den äußeren geistigen Ebenen. Sie ist von geistiger Schöpfungsnatur und individualisiertes Gottes-, Schöpfungswesen. Das Licht der Seele ist ein Teil des Urlichts, Urgeist und Bewusstseins. Das Wesen Gottes wirkt durch die göttliche Substanz der Schöpfung in jeder Seele und durch sie hindurch in ihren Gemeinschaften. Es ist ihr Wesen und ihre Substanz. So besteht der Mensch aus einem göttlichen Teil seiner Seele und seines Geistes, sowie einem menschlichen Teil seiner Persönlichkeit und dem Körper. Eine Seele kann, weil geistig, ihren Körper verändern und mit anderen Seelen zu Gruppen- und Großseelen verschmelzen. Siehe auch Einheitsgeist, Gott wo ihre Entstehung kurz skizziert wird.

Seelenebenen und -anteile

Die Seele besteht aus dem Schöpfungslicht, Geist und Bewusstsein. Sie trägt in sich verschiedene Ebenen des Geistes, ihr Höheres Selbst, Evolutions- und Persönlichkeitsebene mit dem ICH und ihren physischen Körper. Jede Ebene hat verschiedene Anteile in sich. Lesen Sie bitte Innere Dialoge, ICH, EGO, Persönlichkeit, innere Dialoge und Höheres Selbst.

Selbsterkenntnis, Selbsterkenntnisprozess

Wir Menschen leben im Zustand des Vergessens. Wir wissen nicht, von wo wir kommen, was unser Auftrag ist und auch die eigene Seele, haben die Meisten von uns vergessen. So entwickeln wir uns, entdecken unsere Gefühle, Gedanken, Grenzen und Fähigkeiten im Spiegel der Mitmenschen. So erforschen wir uns mit der Veränderung des Körpers in jedem Lebensabschnitt neu. Wir erfahren uns als Jugendlicher, Erwachsener, in der Familie und im Alter. Das, was wir wahrnehmen, erkennen wir durch unsere Erinnerungen und durch den Vergleich mit etwas Tieferem in uns. Es gibt uns Ahnungen von uns selbst. So erschaffen wir uns Vorstellungen von uns selbst, die wir mit dem Tieferen – Zustände der Seele, vergleichen. In diesem Vergleich erkennen wir uns in unseren Gefühlen und Begriffen. Diesen Entwicklungsprozess, der uns in die Tiefe und Einheit unserer Seele zurückführt, nenne ich Selbsterkenntnisprozess. Lesen Sie auch Bewusstwerdung.

Selbstkonzepte - ICH

Wir erschaffen Vorstellungen und Bilder von uns selbst. Unser ICH macht sich eine spezifische Vorstellung von anderen inneren Vorstellung und belegt diese mit Gefühlen, Gedanken und Empfindungen – ich fühle und empfinde sie. Wir erfahren uns in verschiedenen Kontexten und Situationen ähnlich. Das hat den Ursprung in der Kindheit, darum sind stabile, vertrauensvolle und liebenswerte Erfahrungen so wichtig, die oft wiederholt, zum Boden unseres Lebensgefühls und unserer Weltsicht wurden. So erkennen wir uns durch die immer ähnlichen Erfahrungen als ICH. Dieses ICH ist aber veränderlich. Es baut auf verdichteten Vorstellungskomplexen auf, die gemeinsam Persönlichkeitsanteile bilden. Durch die dauernde Wiederholung und Bestätigung, verdichten sie sich zu unserem Charakter. In jeden Lebensabschnitten, Entwicklungsprozessen erschaffen wir neue Selbstkonzepte. So gibt es Alte, die uns in der Gegenwart stören. Diese dürfen wir an die neuen Gegebenheiten anpassen. Das heißt, wir müssen unser Bild von uns selbst, unsere Selbstkonzepte stets verändern. Da fällt vielen schwer und führt zu Krisen und Konflikten. Sie zeigen sich durch innere Dialoge, Trotz, Abwehr und Zweifel. Bitte lesen Sie innere Dialoge, Seele, ICH, EGO.

Selbstakzeptanz

Da unsere Persönlichkeitsanteile in der Seele oft uneins sind, verschiedene Dichten, Spannungen und Schwingungen in sich haben, geraten wir in Selbstzweifel oder in

Konflikt mit Mitmenschen. So sind gerade diese uns störenden Teile zu beachten, die wir nicht an uns mögen – uns deswegen selbst beschämen, selbst bestrafen oder negieren. Dafür ist Selbstakzeptanz nötig. Wir sind fehlerhaft, sind hier auf die Erde gekommen, um Fehler zu machen. Sie provozieren Selbstbewusstwerdung und Entwicklung. So dürfen wir uns mit ihnen anfreunden, uns amüsieren, Spaß haben. Es sind nämlich, die kleinen Unzulänglichkeiten, die uns für die Mitmenschen liebenswert machen.

Selektion - Teilrealität

Was wir unter Realität beschreiben, entspricht meist nur zum Teil der Wirklichkeit. Wieso?

Wir nehmen gemäß unsere Sinnesrezeptoren und Gehirnorganisation wahr. Sie prägen uns, filtern aber vieles aus. Darum gibt es um uns vieles, das wir einfach nicht wahrnehmen können, es uns deshalb nicht bewusst ist. So sind auch die Wissenschaften von den Möglichkeiten ihrer Maschinen und Teleskope abhängig, die gleich wie die Sinnesorgane, vieles nicht wahrnehmen. So wird jeder Eindruck vorgeprägt und vorselektioniert (Siehe Prägungen). So ist es auch mit unserer Konzentration und selektiven Wahrnehmung. Wenn wir uns auf etwas konzentrieren, identifizieren wir uns mit etwas und klammern das Umliegende aus. Das zeigt die Reduktion unsere Wahrnehmung. Das Wahrgenommene und Erkannte entspricht also unserer Realität, die vieles der tatsächlichen Wirklichkeit ausfiltert. Gedanken, Vorstellungen und Erinnerungen entsprechen dann inneren Teilrealitäten von uns. Sie sind Teile von uns, die wir frei benutzen können. Wir sind aber mehr als sie - eine Seele.

Symbiose

Vermischung zweier Substanzen, Wesen zu einem Geschöpf oder einer Gruppenseele, die gemeinsam etwas austauschen, wachsen, voneinander profitieren und sich gemeinsam entwickeln. Gott, seine Schöpfung und seine Geschöpfe, wir Menschen, bilden gemeinsam durch unsere Seelen im göttlichen Licht, Geist und Bewusstsein eine Symbiose.

U

Urmeer und Lichtmeer

Am Anfang bestand die Schöpfung aus Licht, Geist und Bewusstsein, die sich durch die Seelen zu Licht-, Farb- und Klangsphären und später zu geistigen Schöpfungsebenen verdichteten. So entstanden die Seelen darin, die wie Fische in diesem Urmeer, Lichtmeer schwammen und nun alles entwickelten und aufbauten. Dieses Urmeer der Seelen entspricht den geistigen Ebenen, die in uns, durch uns hindurch und um uns herum, zwischen uns Menschen unsichtbar existieren. Unsere Seele bewegt sich im Urmeer mit anderen Seelen und nimmt sich zugleich durch ihre inneren geistigen und den physischen Körper in der materiellen Welt mit den Mitmenschen wahr.

W

Wahrnehmungsebenen

Wir haben verschiedene Wahrnehmungskörper (Lesen Sie bitte Körper). Darum gibt es durch die Körper verschiedene Wahrnehmungsebenen: Gedanken, Gefühle, Empfindungen, Körper Geist und Seele.

WIR und ICH Auftrag

Diese verschiedenen, teils entgegengesetzten Aufträge entwickeln sich aus den Ebenen der Seele heraus.

Wir haben einen göttlichen Teil in uns:

- Seele und Geist, die im WIR-Auftrag durch die Persönlichkeit hindurch handeln. Sie suchen in unserem Inneren und im Außen mit dem Mitmenschen den Ausgleich.

Wir haben einen menschlichen Teil:

- Persönlichkeit mit dem ICH, der Psyche und dem physischen Körper. Sie wird von den Trieben der Evolutionsebene angetrieben. Das ICH ist nach außen zu den Mitmenschen ausgerichtet, handelt und muss sich selbst behaupten. Es hat einen ICH-Auftrag.

Dadurch können wir uns als WIR und gleichzeitig als ICH wahrnehmen und denken. Lesen Sie bitte dazu die Seele, ICH, Ego, Evolution, innere Dialoge und Geistebenen.

Literaturnachweise
Christentum
Hinduismus
Islam
Buddhistische und asiatische Philosophie
Gehirn Verhalten und Medizin
Psychoanalyse, Psychotherapie, Hypnosetherapie
Physik
Evolution

Christentum
Bibel
Augustinus „Bekenntnisse"
Eugen Drewermann „Glauben in Freiheit", „Das Johannes Evangelium", „Das Markus
   Evangelium"
Thomas von Aquin „Summe der Theologie Band 1-3"
Philokalia Band 1-5
Starez Theophan „Schule des Herzensgebetes"
Schimonach Ilarion „Auf den Bergen des Kaukasus" Gespräch von zwei Einsiedlern
Klaus Dahme „Byzantinische Mystik"
Bischof Nikolaj Velimirovic „Das Leben der heiligen Sava"
Theresa von Avilla „Die Seelenburg"

Hinduismus
Stephan Schlensog „Hinduismus"
Axel Michaelis Der Hinduismus
Sri Nisargadatta Maharaj „Ich bin" 3 Bände, „Die ultimative Medizin", Das Bewusstsein und das
   Absolute
„Bagavad Gitta" verschieden Autoren und Intepretationen
Peter Michel „Upanishaden - Geheimlehre der Veda"
Swami Vivekanda „Vedanta"
Sri Sankaracarya „Das Herz der Vendanta", „Sieben Kleinode geistiger Erkenntnis", „Kronjuwel
   der Unterscheidung"
Jiddu Krishnamrti „Über Leben und Sterben", „Die Zukunft ist jetzt"
Tagore „Am Ufer der Stille"
Paramahansa Yoganda „Flüstern aus der Ewigkeit"
Swami Sri Yogeshwar „Die heilige Wissenschaft"
Swami Chandresh „Ocean in a drop"
Yogi Ramacharka „Die Philosophie der Yogis"
Mehre Besuche bei Gruji Maharaj Daran Batri Daram Giri und leben in seiner Sadhufamilie

Islam

Koran
Geschichte des Islams
Ibna Ishaq „Das Leben des Propheten"
Muhyiddin Ibn Arabi „Urwolke und Leben", „Die Weisheit der Propheten", „Reise zum Herren der Macht", u.a.
Mewlana Rumi „Das Meer des Herzens", „Von allem und von Einem", „Traumbild des Herzens"
Naquahabandi - Moham Nazim Al Haquanis Schüler 1, 5 Jahre regelmässige Gespräche in verschiedenen Dergas und anderen Orden der Sufis in Marrokko
Hazrat Inayat Khan „Gayan – Vadan- Nirtan"
Amina Adil „Die Propheten"
Risale I Nur „Blitze", „Licht" u.a.

Buddismus und asiatische Philosophie

Buddismus „Die Reden des Buddhas" einige andere Bücher, die leider in der Schweiz liegen
Karl Eugen Neumann „ Die letzten Tage des Gotamo Buddhos"
Lao Tse „Tao Te King"
Konfuzius „Vom glückseligen Leben", „Gespräche mit Yuedi Wichtigste Weisheiten", „Der gute Weg"
Li Gi „Das Buch der Sitten, Riten und Gebräuche"
Sun Tzu „Wahrhaft der nicht kämpft"
Tsunetomo „Hagekure"
Yageyu Munenori „Der Weg des Samurai"

Gehirn, Verhalten und Medizin

Birbaumer Schmidt „Biologische Psychologie"
John J. Ratey „Das menschliche Gehirn"
Gerald Hüther „Biologie der Angst", „Die Macht der inneren Bilder", „Bedienungsanleitung für ein menschliches Gehirn"
Crawe „Neuropsychotherapie"
Joachim Bauer „Warum ich fühle, was du fühlst", „Prinzip Menschlichkeit", „Das Gedächtnis des Körpers"
Wolf Schneider „Glück"
Andres Newber, Eugene d'Aquilli , Vinc Rause „Der gedachte Gott"
Detlef Linke „Religion als Risiko"
Pascal Boyer „Und Mensch schuf Gott"
Irenäus Eibl-Eibesfelt „Grundriss der vergleichenden Verhaltensforschung", „Liebe und Hass"
Konrad Lorenz „Über tierisch und menschliches Verhalten"
Gustave le Bon „Psychologie der Massen"

Psychoanalyse, Psychotherapie, Hypnosetherapie

Sigmund Freud "Hemmung, Symptom und Angst", „Werkausgaben Elemente der Psychoanalyse
  Band 1 und 2", „Vorlesung zur Einführung in die Psychoanalyse", „Das ICH und das ES"
Alfred Ader „Praxis und Theorie der Individualpsychologie", „Persönlichkeit und neurotische
  Entwicklung", „Neurosen", „Menschenkenntnis", „Wozu leben wir?"
Christoph Werner, Langenmayr „Das Unbewusste und die Abwehrmechanismen"
Karl König „Abwehrmechanismen"
Riemann „Grundformen der Angst"
Milton Erikson „Lehrgeschichten"
Prof. Shultz „Autogenes Training"
Gunther Schmid „Liebesaffären und zwischen Problem und Lösung" plus Seminare
Stephen Giligan „Therapeutische Trance" plus Seminare
Peter Revensdorf „Hypnosetherapie in Psychotherapie, Psychosomatik und Medizin" plus DVDs
Christian De Varga systemische Seminare
Gerhard Dieter Ruf „Systemische Psychiatrie"
Bökmann „Systemische Grundlagen der Psychosomatik und Psychotherapie
Shapiro „EMDR" Ausbildung
Bandler, Dilts NLP Ausbildungen
Anonyme Alkoholiker „Das blaue Buch", „Was ich noch sagen wollte"

Physik

Anton Zeilinger „Die neue Welt der Quantenphysik"
Goswani „Bewusstsein und Quanten", „Das bewusste Universum"
Michio Kaku „Im Hyperraum", „Im Paralleluniversum"
J. Tipler „Physik der Unsterblichkeit
Schrödinger „Die Katze in der Box"
Harald Lesch „Quantenmechanik", DVD Serie „Alpha Centauri"
Wilhelm Stauder „Einführung in die Akkustik"
Christian von Weizäcker „Physik der Gegenwart"
Joachim Berendt „Nada Brahma Die Welt ist Klang"
Hans Joachim Bogen „Mensch aus Materie"
Ulrich Warnke „Diesseits und Jenseits der Raum-Zeit-Netze"
Christian Thomas Kohl „Buddhismus und Quantenphysik"
Gesellschaft Deutscher Naturforscher und Ärzte „ Materie und Prozesse, von Elementaren zum
  Komplexen"
Hans Peter Seiler „Der Kosmonenraum"

Evolution

Richard Fortey „Leben"
Richard Dawkins „Das egoistische Gen", „Der entzauberte Regenbogen",
Franz M. Wuketits „Die Selbstzerstörung der Natur"
Hoimar von Ditfurth „Wir sind nicht von dieser Welt"
Lyall Watson „Die Grenzbereich des Lebens", „Geheimes Wissen", „Duft der Verführung", „Der
    unbewusste Mensch"
Wiliam F. Allman „Mamutjäger in der Metro"
Rupert Sheldrake „Das schöpferische Universum"
Ulrich Lücke „Das Säugetier von Gottesgnaden"

Wandern auf dem inneren Weg

Andreas, Wolf von Guggenbergers *„Wanderung auf dem inneren Weg"* führt die anrührende Suche nach den religiösen und seelischen Wurzeln des Menschlichen auf 200 zusätzlichen Seiten fort, die er in seiner spirituellen Novelle *„Was bin ich, wenn ich bin?"* begonnen hat. Er baut dabei auf seinen Werken: *„Evolution der Seele und der Schöpfung"*, *„Liebe"* und *„Der Mensch und die Wirkung seiner Seele"* auf.

In seinem Werk „Wanderung auf dem inneren Weg" nimmt er sich dem Thema der Seele an. Der Autor gibt Einblicke in das ganz neue Bild einer möglichen Schöpfungsentstehung. Er integriert Qualitäten, Dynamiken und Erfahrungen des Schöpfungsgeistes in einem neuen Seele-, Geist-, ICH-Modell. In seinem Seelenmodel verbindet er auch die evolutionären Antriebe im Grundverhalten der Persönlichkeit. Er beschreibt Konflikte des Gewissens, des freien Willens, dem ICH und dem Ego in der Wahrnehmung. Dabei dringt er tief in die Psychologie des Menschen ein.

Heiko und Frank sind unterwegs auf einer Pilgerfahrt durch den Kaukasus. Heiko hat alles verloren: Arbeit und Familie. Frank will dem Verzweifelten Bruder Gregori vorstellen, seinen spirituellen Lehrer, der in einem abgelegenen Kloster in den Bergen des Kaukasus lebt. Am nächtlichen Lagerfeuer entspinnt sich ein Gespräch. Bruder Gregori provoziert Heiko, fordert ihn heraus. Bald begreift Heiko: Nichts ist so, wie es scheint. Er ist nicht nur Opfer, sondern auch Täter. Er hat seine Frau vernachlässigt und alles der Karriere geopfert. Verwirrt, erkennt er durch den Mönch, dass es auf einer geistigen Ebene keine Schuld gibt. Bruder Gregori eröffnet ihm eine neue und liebende Welt der Schöpfung. Heiko begreift seine Abhängigkeit von Vorurteilen und Erwartungen. Er erkennt plötzlich seine eigene Verblendung, seinen Selbsthass, die sein Leben bestimmten. Endlich öffnet er sich, lässt Schmerz und Trauer zu. Er wird reif für Veränderungen. Ein Neuanfang zeichnet sich ab.

Andreas, Wolf von Guggenberger

Der Jesusdialog

Aus Stille und Schweigen, scheinbar aus dem Nichts, entspinnt sich ein Gespräch in der Nacht. Ein ICH voller Fragen und Zweifel begegnet einer Stimme, die sich ihm als Jesus Christus vorstellt. Ist es tatsächlich der biblische Jesus, der hier zu uns spricht?

Schnell wird deutlich, dass es darum im Grunde nicht geht. Die höhere Macht, die sich hier einem ICH (und damit uns Lesern) offenbart, speist sich aus einer Inspiration, die alle Menschen durch ihre Seele empfangen können. So ist dieses Gespräch mit Jesus eigentlich eine Meditation um tiefe menschliche Fragen: Um Erstes und Letztes, um die Zerrissenheit des Menschen zwischen Schmerz und Glück, Liebe und Hass, Sehnsucht und Schuld. Es geht um die Bedeutung von Liebe und Eros, von Wahrheit und Lüge, so auch um den Verlust des Weiblichen, des wirkenden Geistes in der Kirche und um Missbrauch.

Jesus ist in diesem Gespräch aber nicht nur ein Wort oder gar eine Behauptung. Das schreibende ICH empfand körperlich und gefühlsmäßig dessen Schmerzen. So erzählt Jesus eindringlich von der tiefen Demütigung der Kreuzigung, von seiner eigenen langen Suche nach der Wahrheit und schließlich von Maria Magdalena, seiner großen Liebe. Wir erfahren: Sie, seine Frau und Gefährtin, sein weiblicher Gegenpol, mit dem er stets die Verschmelzung suchte, die Einheit zwischen Mann und Frau im Eros, wurde von der Kirche stets verleugnet, ja herabgewürdigt. So spricht Jesus wütend, liebend und allen vergebend.

Doch dieses Gespräch sagt auch: Es gibt Hoffnung für uns Menschen. Der Jesus der Liebe, der Barmherzigkeit, des Verzeihens ist lebendig in jedem von uns, in unserer Seele. Er wartet auf uns nicht richtend und nicht strafend, sondern vergebend und liebevoll. So wird er zu uns sprechen, wenn wir ihn rufen. Er wartet auf uns nicht richtend und nicht strafend, sondern vergebend und liebevoll.

Evolution der Seele und der Schöpfung

Im seinem Werk *„Evolution der Seele und der Schöpfung"* beschreibt Andreas, Wolf von Guggenberger, einen faszinierenden Schöpfungsmythos und legt eine neue Ethik für unsere Zeit vor. Seine originäre Vision der Schöpfungsentstehung sowie der Entwicklung des Geistes integriert naturwissenschaftliche und geisteswissenschaftliche Theorien mit einer tief empfundenen religiösen Schau zu einer mitreißenden Synthese.

Der Autor versucht in seinem ganz neuen Schöpfungsmodell die Grundlagen der Wahrnehmung auf eine völlig neue Weise zu erfassen. Mit 154 Schöpfungsprinzipien beschreibt er eine kontinuierliche Evolution der Seele und der Schöpfung. Er zeigt wie diese Prinzipien sich zugleich in der alltäglichen Wahrnehmung des Menschen zeigen.

Der Geist, das Licht Gottes, seine form- und energielosen Erfahrungen, verdichten sich zur Schöpfung. Der Schöpfungsgeist wird zu einer Leinwand. Auf ihr werden die Bilder in den Vorstellungen der Seelen und in unseren Gedanken sichtbar. Gott identifiziert sich mit den Erfahrungen seiner Seelen, erfährt sich in ihnen. Nachdem die Seelen die Schöpfungsebenen erschufen, entstehen in der Konzeptebene ADAM die Grundlagen für das künftige Universum, die Erde und Menschen. So erarbeitet der Autor auch ganz neue Blickwinkel auf den „Adam und Eva Mythos". Er erweitert den Evolutionsbegriff, unterscheidet zwischen einer geistigen Evolution des Bewusstseins und einer materiellen Evolution des Universums. Geistige und Materielle durchdringen einander und entwickeln sich gegenseitig.

Seine Bücher: *„Wandern auf dem inneren Weg"*, *„Was bin ich, wenn ich bin?"*, *„Jesusdialog"* und *„Liebe"*, sie stellen gemeinsam mit der *„Evolution der Seele und der Schöpfung"* ein sehr persönliches Werk dar. Sie entstanden in einer persönlichen Innenschau, Forschungs- und Erkenntnisreise. So dachte der Autor anfangs nicht daran, sie zu veröffentlichen. In seinen Werken stützt er sich auf seine eigenen inneren Visionen, deshalb unterscheiden sich auch seine Begriffe, von denen anderer Philosophen und religiöser Denker.

„Liebe"

Andreas Wolf von Guggenberger

LIEBE

EIN PLÄDOYER FÜR DAS LEBEN UND DIE LIEBE

Dieses Buch hat mich auf eine poetisch-philosophische Reise durch die Vielfalt und Schönheit der Liebe und des Lebens mitgenommen. Tiefe Erkenntnisse eröffneten mir erstaunlich neue Sichtweisen.

Besonders berührt hat mich, wie er auch die Umkehrung der Liebe und die Abwendung vom Leben mit den Themen Sucht und Missbrauch beschreibt.

Persönliche Erlebnisse und Alltagsbilder vermischen sich mit feingeistigen und fast lyrischen Grundgedanken seiner Hauptwerke: „Evolution der Seele und der Schöpfung" sowie „Der Mensch und die Wirkung seiner Seele". Es ist ein sehr vielfältiges, berührendes, tiefgründiges und gelungenes Werk. Ich kann nur sagen toll. Lesen Sie es.

ANGELIKA NEBEL

„Der Mensch und die Wirkung seiner Seele"

Andreas Wolf von Guggenberger
Der Mensch und die Wirkung seiner Seele

Wie wirken die Schöpfungserfahrungen in den Seelen, im Geist der Menschen? Was ist unser ICH, unsere Persönlichkeit, im Geist der Seele? Denke ich oder werde ich zugleich in mir gedacht?

Andreas Wolf von Guggenberger entwirft in seinem neuen Werk ein faszinierendes Schöpfungs-, Seele-, Geist-, Körpermodel. Mit ihm vertieft er seine Werke: *„Wandern auf dem inneren Weg", „Was bin ich, wenn ich bin?", „Liebe"* und die *„Evolution der Seele und der Schöpfung"*.

In diesem Werk beschreibt er nuanciert und konzentriert sein Menschen- und Schöpfungsbild, auf dem er seine anderen Schriften aufbaut. Als Einführung stellt er seine Idee einer möglichen Schöpfungsentstehung dar und beschreibt zugleich, wie die Seelen entstanden sein könnten. In der Dynamik zwischen den Seelen und der Schöpfung entwirft er das Model des Geistes. Spiralartig aufsteigend, aus immer wieder neuen Blickwinkeln betrachtet, beschreibt er folgende Ebenen der Seele:

Geistebenen, Höheres Selbst, Evolutionsebene, Persönlichkeit, ICH, Maske, Abwehr- und Schutzhaltungen des EGOS, sowie die Transformation des ICHs und Egos. Danach folgen Gedanken zu Traumata, Missbrauch und Sucht. Er zeigt, wie Selbstvergebung, Ausrichtung und Integration der Seele mithelfen können, Schuldgefühle, Ängste und Minderwertigkeitsgefühle aufzulösen. Psychoanalytische, gehirnneurologische, evolutionäre und religiöse Ansätze verschmelzen auf eine natürliche Art und Weise darin. Aus der Sicht der Seele erarbeitet er ganz neue Sichtweisen und Kontexte. Der Autor löst sich aus herkömmlichen Denkmodellen und erschafft ein faszinierend Neues.

In seinen Werken: *„Evolution der Seele und der Schöpfung"* und *„Liebe"* beschreibt er ausführlich und sehr vertieft die Hintergründe. Seine Bücher stellen gemeinsam mit dem Hauptwerk ein sehr persönliches Werk dar. Sie entstanden in einer persönlichen Innenschau, Forschungs- und Erkenntnisreise. So dachte der Autor anfangs nicht daran, sie zu veröffentlichen. In seinen Werken stützt er sich auf seine eigenen inneren Visionen, deshalb unterscheiden sich auch seine Begriffe von denen anderer Philosophen und religiöser Denker.

Herstellung und Verlag:
BoD – Books on Demand, Norderstedt
ISBN: 978-3-7386-2695-7